DU MÊME AUTEUR

Aux Éditions Gallimard

Romans

LA NAUSÉE (« Folio », n° *805* ; « Foliothèque », n° *28*. Essai critique et dossier réalisés par Jacques Deguy).

LES CHEMINS DE LA LIBERTÉ, I : L'ÂGE DE RAISON (« Folio », n° *870*).

LES CHEMINS DE LA LIBERTÉ, II : LE SURSIS (« Folio », n° *866*).

LES CHEMINS DE LA LIBERTÉ, III : LA MORT DANS L'ÂME (« Folio », n° *58*).

ŒUVRES ROMANESQUES (« Bibliothèque de la Pléiade »). Édition de Michel Contat et Michel Rybalka.

Nouvelles

LE MUR (*Le Mur* – *La Chambre* – *Érostrate* – *Intimité* – *L'Enfance d'un chef*) (« Folio », n° *878*).

L'ENFANCE D'UN CHEF. Extraite de *Le Mur* (« Folio », n° *3932*).

Théâtre

THÉÂTRE, I : *Les Mouches* – *Huis clos* – *Morts sans sépulture* – *La Putain respectueuse*.

LES MAINS SALES (« Folio », n° *806* ; « Foliothèque », n° *10*. Essai critique et dossier réalisés par Marc Buffat).

LE DIABLE ET LE BON DIEU (« Folio », n° *869*).

KEAN, d'après Alexandre Dumas.

NEKRASSOV (« Folio », n° *431*).

LES SÉQUESTRÉS D'ALTONA (« Folio », n° *938*).

LES TROYENNES, d'après Euripide.

HUIS CLOS – LES MOUCHES (« Folio », n° *807* ; « Foliothèque », n° *30*. Essai critique et dossier réalisés par François Noudelmann).

HUIS CLOS. Pièce enregistrée en 1964 et précédée de « L'Enfer c'est les autres » en commentaire. Conception de Prune Berge. Couverture illustrée : photo G. Siegel/Gallimard (« CD audio À voix haute »).

LA P... RESPECTUEUSE – MORTS SANS SÉPULTURE (« Folio », n° *868*).

Suite de la bibliographie en fin de volume.

JEAN-PAUL SARTRE

Situations, V

COLONIALISME
ET NÉO-COLONIALISME

nrf

GALLIMARD

« D'UNE CHINE A L'AUTRE »

A l'origine du pittoresque il y a la guerre et le refus de comprendre l'ennemi : de fait, nos lumières sur l'Asie nous sont venues d'abord de missionnaires irrités et de soldats. Plus tard sont arrivés les voyageurs — commerçants et touristes — qui sont des militaires refroidis : le pillage se nomme « shopping » et les viols se pratiquent onéreusement dans des boutiques spécialisées. Mais l'attitude de principe n'a pas changé : on tue moins souvent les indigènes mais on les méprise en bloc, ce qui est la forme civilisée du massacre; on goûte l'aristocratique plaisir de compter les *séparations*. « Je me coupe les cheveux, il natte les siens; je me sers d'une fourchette, il use de bâtonnets; j'écris avec une plume d'oie, il trace les caractères avec un pinceau; j'ai les idées droites, et les siennes sont courbes : avez-vous remarqué qu'il a horreur du mouvement rectiligne, il n'est heureux que si tout va de travers. » Ça s'appelle le jeu des anomalies : si vous en trouvez une de plus, si vous découvrez une nouvelle raison de ne pas comprendre, on vous donnera, dans votre pays, un prix de sensibilité. Ceux qui recomposent ainsi

leur semblable comme une mosaïque de différences irréductibles, il ne faut pas s'étonner s'ils
se demandent ensuite comment on peut être
chinois.

Enfant, j'étais victime du pittoresque : on
avait tout fait pour rendre les Chinois intimi-
dants. On me parlait d'œufs pourris — ils en
étaient friands —, d'hommes sciés entre deux
planches, de musique fluette et discordante.
Dans le monde qui m'entourait, il y avait des
choses et des bêtes qu'on nommait, entre toutes,
chinoises : elles étaient menues et terribles,
filaient entre les doigts, attaquaient par-derrière,
éclataient soudain en tintamarres saugrenus,
ombres glissant comme des poissons le long
d'une vitre d'aquarium, lanternes étouffées, raffinements incroyables et futiles, supplices ingénieux, chapeaux sonnants. Il y avait l'âme chinoise, aussi, dont on me disait simplement qu'elle
est impénétrable. « Les Orientaux, vois-tu... »
Les nègres ne m'inquiétaient pas : on m'avait
appris que c'étaient de bons chiens; avec eux,
on restait entre mammifères. Mais l'Asiatique
me faisait peur : comme ces crabes de rizières
qui détalent entre deux sillons, comme ces sauterelles qui s'abattent sur la grande plaine et
dévastent tout. Nous sommes rois des poissons,
des lions, des rats et des singes; le Chinois est
un arthropode supérieur, il règne sur les arthro-
podes.

Puis vint Michaux qui, le premier, montra le
Chinois sans âme ni carapace, la Chine sans
lotus ni Loti.

Un quart de siècle plus tard, l'album de Cartier-Bresson achève la démystification.

Il y a des photographes qui poussent à la

guerre parce qu'ils font de la littérature. Ils cherchent un Chinois qui ait l'air plus chinois que les autres; ils finissent par le trouver. Ils lui font prendre une attitude typiquement chinoise et l'entourent de chinoiseries. Qu'ont-ils fixé sur la pellicule? *Un* Chinois? Non pas : l'Idée chinoise.

Les photos de Cartier-Bresson ne bavardent jamais. Elles *ne sont pas* des idées : elles nous en donnent. Sans le faire exprès. Ses Chinois déconcertent : la plupart d'entre eux n'ont jamais l'air assez chinois. Homme d'esprit, le touriste se demande comment ils font pour se reconnaître entre eux. Moi, après avoir feuilleté l'album, je me demande plutôt comment nous ferions pour les confondre, pour les ranger tous sous une même rubrique. L'Idée chinoise s'éloigne et pâlit : ce n'est plus qu'une appellation commode. Restent des hommes qui se ressemblent *en tant qu'hommes.* Des présences vivantes et charnelles qui n'ont pas encore reçu leurs appellations contrôlées. Il faut savoir gré à Cartier-Bresson de son nominalisme.

Le pittoresque se réfugie dans les mots. Ce vieil eunuque, si je vous le présente par des mots, quel exotisme! Il vit au monastère, avec d'autres eunuques. Dans un bocal, il conserve précieusement ses « précieuses »; du temps que l'impératrice Tseu-hi, l'Agrippine jaune, n'était encore qu'une concubine, certains soirs, il la mettait nue, l'entourait d'un châle pourpre et la portait dans ses bras jusqu'à la couche impériale : Impératrice nue, Agrippine concubine — ça rime —, châle pourpre, tous ces vocables s'allument réciproquement de leurs feux. Ce qui manque : tout ce qu'on peut *donner à voir,* la réalité. A présent,

ouvrez l'album : qu'est-ce que vous voyez
d'abord? une vie qui se défait, un vieil homme.
Ce n'est pas l'accident de la castration, c'est
l'universelle vieillesse qui lui donne ce visage
ridé, ciré; c'est la vieillesse et non la Chine qui
lui a tanné la peau. Il ressemble à une femme?
Peut-être : mais c'est que la différence des sexes
tend à s'effacer avec l'âge. Il baisse les yeux
cagotement, sournoisement et tend la main pour
saisir le billet que lui montre un interprète rieur
et blasé. Où sont les lumières de la Cour impériale? Où sont les impératrices d'antan? Je veux
bien qu'il soit eunuque : mais que ferait-il de
plus, à son âge, s'il ne l'était pas? Le pittoresque
s'efface, adieu la poésie *européenne*; ce qui demeure, c'est la vérité matérielle, c'est la misère
et l'avidité d'un vieux parasite du régime déchu.

Ce paysan déjeune. Il est venu à la ville pour
y vendre les produits de sa terre. A présent, il
mange une soupe au riz, en plein air, au milieu
des citadins qui l'ignorent, avec une voracité
rustique : affamé, las, solitaire, il a des frères,
en ce moment même, dans toutes les grandes
cités agricoles du monde, depuis le Grec qui
pousse ses moutons sur les boulevards d'Athènes
jusqu'au Chleuh, descendu de ses montagnes,
qui erre dans les rues de Marrakech. Voici
d'autres paysans : la faim les a rabattus sur
Pékin et ils y sont restés. Que faire dans une
capitale sans industrie, quand la technique arti-
sanale exige de longs apprentissages? Ils condui-
ront des vélo-taxis. A peine leur avons-nous jeté
un coup d'œil, ces véhicules nous semblent fami-
liers : nous avons eu les nôtres sous l'Occupa-

tion. Il est vrai qu'ils semblaient moins crasseux.
C'est que nous mettons notre crasse ailleurs. Et
la misère est la chose du monde la mieux par-
tagée : nous ne manquons pas de misérables. Il
est vrai que nous avons perdu l'habitude de les
atteler à des carrioles pour leur faire traîner les
riches. Ont-ils cessé pour cela d'être nos bêtes
de somme? On les attelle aux machines.

Et qui se fait traîner? Des Messieurs bien, en
chapeau mou et en robe longue, ceux-là même
qui feuillettent pour l'instant des livres, à l'éta-
lage d'un bouquiniste, et qui se réjouissent de
savoir lire. Rirez-vous de leur robe? Alors, il
faut rire de nos curés. De leurs chapeaux? Alors
riez de vous-même. L'uniforme de l'élite, là-bas,
c'est le feutre et la robe; chez nous, c'est le
complet-veston. De toute façon, ce qui prête à
rire, chez eux et chez nous, c'est qu'il y ait des
élites, des Messieurs qui soient seuls à savoir lire
ou compter et qui portent sur le dos la marque
de leur supériorité.

Les images rapprochent les hommes quand
elles sont matérialistes; c'est-à-dire quand elles
commencent par le commencement : par les
corps, par les besoins, par le travail. Au diable
les œufs pourris et les ailerons de requins : vous
dites que ce sont des nourritures exotiques
puisque près de quarante millions de Français
en ignorent jusqu'au goût? Alors ces nourritures
sont encore plus exotiques en Chine puisque
quatre cents millions de Chinois — ou presque —
n'en ont jamais mangé. Quatre cents millions
de Chinois qui ont faim, comme les journaliers
italiens, qui s'épuisent au travail, comme les
paysans français, qui sont exploités par la famille
Tchang Kaï-chek, comme les trois quarts des

Occidentaux par les grands féodaux du capitalisme. Après cela, bien sûr, nous ne parlons pas
leur langue et nous n'avons pas leurs mœurs :
mais il sera toujours temps de parler des différences. Ce qui sépare doit s'apprendre; ce qui
rejoint se voit en un clin d'œil. Cet homme qui
vient vers nous, vous devez savoir sur l'heure
si vous verrez en lui *d'abord* un Allemand, un
Chinois, un Juif ou d'abord un homme. Et vous
déciderez de ce que vous êtes en décidant de ce
qu'il est. Faites de ce coolie une sauterelle chinoise, vous deviendrez dans l'instant une gre-
nouille française. Faites poser vos modèles, vous
leur donnerez le temps de devenir autres. Autres
que vous. Autres que l'homme. Autres que soi.
La « pose » donne l'élite et les parias, les généraux et les Papous, les Bretons bretonnants, les
Chinois chinoisants et les dames patronnesses :
l'idéal. Les instantanés de Cartier - Bresson
attrapent l'homme à toute vitesse sans lui laisser le temps d'être superficiel. Au centième de
seconde, nous sommes tous *les mêmes,* tous au
cœur de notre condition humaine.
De cet immense Empire agricole, on ne nous
montrera que les villes : les communistes sont
maîtres des campagnes. Mais chaque photo nous
découvre les maux d'une économie arriérée :
artisanat, surpopulation, misère. « Le peuple
chinois, dit Michaux, est artisan-né... Tout ce
qu'on peut trouver en bricolant, le Chinois l'a
trouvé. » C'est vrai : regardez les marchands,
leurs visages malicieux et patients, observez
les mains, les mains prestes, jamais inoccupées,
qui roulent deux noix l'une contre l'autre,
comme les mains grecques égrènent des chape-
lets d'ambre; elles sont faites pour rafistoler et

pour subtiliser : « La ruse en Chine n'est nulle-
ment alliée au Mal mais à tout; la vertu, c'est
ce qu'il y a de mieux combiné. » Tous combi-
nards, bien sûr, tous artisans, artistes, artifi-
cieux. Mais si vous devez croire qu'ils doivent
leur astuce à la pigmentation de leur peau, à la
forme de leur cervelle ou à leur régime alimen-
taire, je vous demanderai qui est plus ingénieux,
qui est plus débrouillard, d'un Chinois ou d'un
Napolitain? Naples contre Pékin : à Chinois,
Chinois et demi. Le match nul est probable. A
Naples, on nous fera le coup des faux parkers
faussement volés, des montres vraiment volées,
faussement à vendre, des compteurs truqués;
si vous achetez votre tabac aux revendeurs des
rues, Dieu sait ce que vous fumerez. Mais regardez ce marchand qui vend des cigarettes sous
la protection d'un Tchang Kaï-chek et de deux
Sun Yat-sen : son œil est lourd, sa lèvre tombe;
il semble trop sot pour être indélicat : et pourtant, il a ouvert tous les paquets qu'il expose,
il a débourré les cigarettes et les a remplies de
détritus qu'il a masqués aux deux bouts, par
une pincée de tabac. Industrieux faute d'industrie, les uns et les autres passent leur temps à
réparer, à soutenir, à contenir, à rattacher, ils
bouchent les trous, ils empêchent les murs et
les toits de crouler puis, entre deux cataclysmes,
ils s'asseyent au bord du trottoir et guettent les
riches en dressant des plans compliqués pour
leur tirer quelques sous. Leur ingéniosité, leur
malhonnêteté débonnaire, c'est la misère qui
l'explique et l'absence des machines.
   Foules d'Asie. Il faut savoir gré à Cartier-
Bresson de ne pas s'être mis en tête de nous
rendre leur grouillement. Car elles ne grouillent

pas, ou si peu : elles s'organisent. Bien sûr, elles envahissent tout, détruisent tout : ces vieilles femmes qui s'avancent à petits pas, à petites courbettes, à petits sourires, ce sont de vieilles servantes, les Déesses mères des foules. Qu'une d'elles, timidement, entre dans la maison d'un riche, pour visiter une servante, sa nièce ou sa cousine, aussitôt toutes sont là, inexplicablement et pullulent; la maison est trop petite pour les contenir, les murs s'écroulent. Ces visiteuses innombrables sont particulièrement redoutées par les Américains.

Mais nul n'a le droit de confondre ce pullulement avec une invasion de sauterelles. Les foules chinoises sont organisées : elles occupent les trottoirs et débordent sur la chaussée mais chacun, tout aussitôt, se fait sa place tout en *reconnaissant* celle du voisin. Voyez ces coiffeurs : ils ont tous leur espace vital et nul ne songe à le leur contester. C'est que cette foule à grandes mailles lâches saigne quand elle se resserre; à Shanghaï, le gouvernement met de l'or sur le marché, les acheteurs font la queue; brusque condensation de la multitude. Résultat : sept morts et plusieurs jambes cassées. En Chine, l'homme des foules doit vivre à distance respectueuse et la fameuse politesse chinoise est d'abord une mesure d'extrême urgence pour empêcher l'étouffement. Cartier-Bresson nous fait partout deviner ce pullulement fantôme, morcelé en constellations minuscules, cette menace de mort discrète et omniprésente. Pour moi, qui aime la foule comme la mer, ces multitudes chinoises ne me semblent ni terribles ni même étrangères : elles tuent mais enfouissent les morts en leur sein et boivent le sang comme un buvard boit l'encre : ni vu ni connu. Les nôtres sont plus irritées, plus cruelles; quand elles se retirent, elles laissent leurs morts derrière elles et les trottoirs abandonnés sont badigeonnés de rouge : c'est l'unique différence. Aux premières années de ce siècle, le touriste était grand amateur de misère. Le capitaine Carpeaux, fils du sculpteur Carpeaux, regrettait en 1911 qu'un Haussmann chinois eût percé des boulevards dans la ville impériale : « Hélas, qu'a-t-on fait de la grande rue pékinoise si pittoresquement animée, si délicieusement sale et défoncée? Où sont tous ces marchands ambulants si extraordinaires devant leurs minuscules étalages de choses sans nom?... Tout a été chassé, enlevé, abattu, nivelé, les grandes dalles centenaires et cassées sont parties avec les petits marchands crasseux et si curieux... »

Crasseux, délicieusement sales, extraordinaires : voilà tout de même ce que deviennent les hommes sous la poigne de la misère. Et l'on s'en plaindrait?

Bénis soient le froid et la faim pour avoir dicté tant d'inventions cocasses et de trouvailles saugrenues. Et puis les pauvres sont conservateurs : ils gardent les vieux meubles, les vieux vêtements, les vieux outils, faute de pouvoir les remplacer. On allait chercher dans leur taudis les traditions de la Chine ancienne. Quels fastes dans ces royales guenilles sans oublier les ravissantes arabesques tracées par la crasse sur de jeunes gorges. Avons-nous tant changé? Nous n'allons plus visiter les pauvres à domicile. On dirait même que nous les évitons. C'est qu'ils exagèrent; depuis quelques lustres, ils gênent les riches.

Imaginez Barrès à Pékin. Pourquoi pas? Nous
serions en 1908; il reviendrait à pas lents d'une
maison hospitalière et projetterait d'écrire une
« *Bérénice* chinoise ». Tout à coup, il s'arrête et
regarde à ses pieds un paquet d'étoffe. En Chine,
figurez-vous, quand un enfant meurt, on le
ficelle dans un drap rouge et on l'abandonne la
nuit dans une encoignure, au matin, les tombe-
reaux de la voirie l'emporteront vers la fosse
commune. Voilà Barrès tout ému : comment ne
s'attendrirait-il pas sur cette coutume jolie; et
quel pur plaisir d'artiste il prend à contempler
ces petits tas écarlates qui rehaussent d'une
touche vive et gaie la grisaille de l'aube. Près
de celui-ci on a déposé un chat crevé. Un chat
crevé, un môme crevé : deux petites âmes vague-
lettes. Barrès les associe dans une même oraison
funèbre et puis il passe à des rapprochements
plus distingués : à cette même heure, peut-être,
roulé dans une soie pourpre, on emporte vers
la couche impériale le beau corps chaud d'une
concubine. Un petit corps chaud, un petit corps
froid; sur l'un et l'autre, la même tache de sang.
Nous y sommes : du sang, de la volupté, de la
mort. Heureux Barrès : il est mort à son tour,
emportant dans sa tombe le secret de la bonne
conscience. Nous autres, nous avons vu les enfants crever comme des rats dans les bombardements ou dans les camps nazis : quand, dans
un prestigieux décor de terre rouge et de pal-
miers, on nous montre des mouches en train de
bouffer les yeux des nouveau-nés, nous détour-
nons la tête et nous avons la conscience mauvaise. Allez donc expliquer ça? Dans une ruelle
de Naples, un jour, une porte d'écurie s'est
ouverte sur une caverne sombre : sur un immense

lit nuptial, un bébé de six mois reposait, tout
petit, perdu, son visage froncé comme une
étoffe, paraissait maquillé : il ressemblait à s'y
méprendre au cardinal nonagénaire qui avait
dit la messe à Saint-Pierre le dimanche précédent. Il était mort. Il m'a suffi d'avoir vu, une
fois, cette mort napolitaine, indiscrètement expo-
sée : je me sens incapable d'apprécier à sa valeur
le poétique linceul des petits Chinois pauvres;
mon regard le traverse et devine un visage ridé,
trop jeune pour être enfantin. Il faut croire que
nous sommes devenus insensibles : l'idée ne nous
vient pas d'évoquer le châle de soie, la chair
soyeuse de la belle Tseu-hi. Nous nous bornons
à penser qu'il faut empêcher les enfants de mourir. Et devant ce môme assassiné, déchet du
Kuo-Min-Tang, nous faisons des vœux pour la
victoire de la VIIIᵉ Armée. Cet album est un
faire-part : il annonce la fin du tourisme. Il
nous apprend avec ménagement, sans pathé-
tique inutile, que la misère a perdu son pittoresque et ne le retrouvera plus jamais.

Elle est là, pourtant, insupportable et discrète.
A toutes les pages, elle se manifeste. Par trois
opérations élémentaires : porter, fouiller, ma-
rauder.

Dans toutes les capitales de misère, les pauvres
portent des paquets. Ils ne s'en séparent jamais :
quand ils s'asseyent, ils les posent à côté d'eux
et les surveillent. Qu'y mettent-ils? Tout : du
bois ramassé dans un parc, à la sauvette, des
croûtons de pain, des fils de fer arrachés à une
grille, des rognures d'étoffe. Si le fardeau est
trop lourd, ils le traînent, brouettes, charrettes
à bras. La misère a toujours l'air de déménager
à la cloche de bois. A Pékin, à Shanghaï, à

Nankin tout le monde tire, tout le monde pousse :
ces hommes s'évertuent à faire avancer un char-
roi; les voilà sur un pont : la route s'élève, il
faut redoubler d'efforts; des gamins rôdent, toujours prêts à donner un coup de main, pour une
aumône. Comme le chômeur de *Deux Sous d'espoir* qui se poste au milieu d'une côte et tire par
la bride les chevaux de fiacre. Le building du
fond, c'est un phare. En haut du phare, il y a
l'œil de l'Occident; son regard tournant balaie
la Chine : on a réservé les trois étages supérieurs
aux correspondants de presse étrangers. Comme
ils sont haut! Beaucoup trop haut pour voir ce
qui se passe sur terre. Ils dansent au milieu du
ciel avec leurs épouses et leurs maîtresses. Pendant ce temps, à ras du sol, les portefaix poussent
leurs charrettes et Tchang Kaï-chek se fait battre
par les armées communistes. Les Américains ne
voient ni les bicoques plates de la Chine, ni les
paysans en armes, ni les portefaix. Mais les portefaix n'ont qu'à lever la tête pour voir le phare
de l'Amérique.
Dans toutes les capitales de misère, on fouille.
On fouille le sol et le sous-sol. On se rassemble
autour des poubelles, on se glisse au milieu des
décombres : « Ce que les autres jettent est à moi;
ce qui ne peut plus leur servir est assez bon pour
moi. » Sur un terrain vague, près de Pékin, les
ordures s'entassent. Ce sont les déchets des
pauvres : ils ont tout passé au crible, ils ont déjà
fouillé dans leurs propres détritus : ils n'ont
laissé, à regret, que l'immangeable, l'inutilisable,
l'innommable, l'immonde. Et pourtant le trou-
peau est là. A quatre pattes. Chaque jour, il
fouillera tout le jour.
Dans toutes les capitales de misère, on ma-

raude. Est-ce voler? Non : mais glaner. Ces ballots viennent d'être débarqués. S'ils restent une
heure de plus sur le quai, ils vont disparaître.
A peine les a-t-on posés, la foule se précipite et
les entoure. Chacun tente d'arracher sa poignée
de coton. Beaucoup de poignées de coton, glanées
jour après jour, cela fait un vêtement. Le regard
des femmes, je le reconnais, je l'ai vu à Marseille,
à Alger, à Londres, dans les rues de Berlin : il
est sérieux, rapide et traqué, l'angoisse s'y mêle
à l'avidité. Il faut prendre avant d'être pris.
Quand on aura chargé les ballots sur un camion,
les gosses courront derrière la voiture, les mains
en avant. Pendant ce temps, à Nankin, on tiraille
dans les rues. Seul au milieu d'un boulevard, un
homme se penche sur un fauteuil éventré : il veut
en prendre la bourre. S'il ne reçoit pas en plein
front une des balles qui sifflent à ses oreilles, il
aura glané du combustible pour une seule heure
d'une seule journée d'hiver.

Tous les jours, les pauvres creusent, fouillent,
glanent. Tous les jours, les artisans répètent leurs
mouvements traditionnels; à toutes les aubes,
les officiers font de la gymnastique dans les jar-
dins de la ville interdite, pendant que des fan-
tômes vieillots glissent le long des palais. Tous
les matins Pékin recompose son visage de la veille,
de la semaine dernière, du millénaire dernier.
Chez nous, l'industrie fait éclater tous les cadres;
mais là-bas, pourquoi changerait-on? Cartier-
Bresson a photographié l'éternité.
Fragile éternité : c'est une mélodie toujours
recommencée, pour l'arrêter, il faudrait casser
le disque. Et justement, on va le casser. L'His-

toire est aux portes de la ville : au jour le jour,
dans les rizières, dans les montagnes et dans la
plaine, elle se fait. Encore une journée et puis
une journée encore : ce sera fini, le vieux disque
volera en éclats. Ces instantanés intemporels
sont rigoureusement datés : ils fixent pour toujours les derniers instants de l'Éternel.

Entre le temps circulaire de la vieille Chine et
le temps irréversible de la Chine nouvelle, il y a
un intermédiaire, une durée gélatineuse égale-
ment éloignée de l'Histoire et de la répétition :
c'est *l'attente*. La ville a défait la gerbe de ses
millions de gestes quotidiens : plus personne ne
lime, ne taille, ne gratte, ni ne rogne, ni n'ajuste,
ni ne fourbit. Abandonnant leurs petits espaces
vitaux, leurs cérémonies, leurs voisins, les gens
vont s'entasser, en grosses masses informes,
devant les gares, sur les quais. Les maisons se
vident. Et les ateliers. Et les marchés. En des
lieux excentriques, les foules se rassemblent,
se resserrent, coagulent; leurs fines structures
s'écrasent. Aux photos aériennes du vieux Pékin,
des images lourdes et denses succèdent. Attente.
Quand elles ne prennent pas l'Histoire en charge,
les masses vivent les grandes circonstances
comme des attentes interminables. Les masses
de Pékin et de Shanghaï ne font pas l'Histoire;
elles la subissent. Comme la subissent d'ailleurs
les policiers qui les surveillent, les soldats qui
passent au milieu d'elles, qui reviennent du front,
qui ne cessent pas d'en revenir et qui n'y vont
jamais, les mandarins qui s'envolent, les généraux qui s'enfuient. Ceux qui la font n'ont jamais
vu les grandes villes impériales; ils ne connaissent
que des montagnes et des champs; dans les
champs et dans les montagnes, le sort de la Chine

s'est décidé. Pour la première fois, une capitale
attend le bon plaisir de la campagne : l'Histoire
apparaîtra sous la forme d'un cortège paysan.
Les citadins tiennent la campagne pour un
espace inerte qui relie les villes entre elles et que
les armées parcourent et saccagent jusqu'à ce
qu'on ait, dans les villes, décidé de faire la paix.
Mais, tout à coup, elle se découvre : c'est de la
chair vive, du muscle; dans ce muscle, les villes
sont logées comme des grains d'urate. Pourtant,
ces foules n'ont pas peur. Là-haut, l'œil d'Amérique s'affole et tournique. Mais on sait depuis
longtemps, à ras de terre, que les communistes
ont gagné. Les riches pestent contre Tchang
Kaï-chek autant que contre Mao Tsé-toung; les
paysans veulent rentrer chez eux : puisque tout
est aux mains des communistes, autant les trouver au village qu'à la ville; les ouvriers et les
pauvres commencent à espérer : les mille attentes
singulières du temps de la Répétition se sont
rapprochées et fondues en un seul espoir. Le
reste de la population fait des processions et prie
pour la paix : pour n'importe quelle paix. C'est
une manière de tuer le temps : avant de rejoindre
les bonzes et de brûler des baguettes de papier,
on profite de l'occasion pour régler ses affaires
personnelles; on va, pour son propre compte,
frotter le nez d'une idole, les filles bréhaignes
poussent leur ventre contre le ventre des sta-
tues; après la cérémonie, dans la grande phar-
macie près du temple, on achètera les boulettes
séchées qui rendent l'ardeur aux maris languis-
sants et réchauffent les pieds des épouses.
Tant que les autorités demeurent à leur poste,
la foule reste sous pression. Les flics l'encadrent
et la contiennent; mais, à la différence des nôtres,

ils frappent rarement : celui-ci s'impatiente parce
qu'on le serre de trop près. Il lève la jambe :
va-t-il lancer un coup de pied? Non, il donne
du talon dans une flaque; éclaboussés, les gens
reculeront. Mais les Messieurs du Kuo-Min-Tang
ne tiennent pas en place : ils s'en vont. Il en
reste mille. Il en reste cent. Bientôt, il n'en
restera plus. Les Messieurs qui ne peuvent s'en
aller, les jaunes et les blancs, sont verts de peur.
Pendant l'interrègne, les bas instincts de la popu-
lace vont se déchaîner : on va piller, violer,
assassiner. Du coup, les bourgeois de Shanghaï
appellent les communistes de leur vœu : plutôt
n'importe quel ordre que la fureur populaire.
   Cette fois, c'est fini : les notables sont partis,
le dernier flic a disparu; les bourgeois et la popu-
lace restent seuls dans la ville. Pillera, pillera
pas? Foules admirables : quand elles n'ont plus
senti le poids du fardeau qui les écrasait, elles
ont hésité un instant et puis, peu à peu, se sont
décomprimées; ces grosses masses reviennent à
l'état gazeux. Regardez les photos : tout le
monde s'est mis à courir. Où vont-ils? Piller?
Pas même : ils sont entrés dans les belles
demeures abandonnées et ils ont fouillé, comme,
hier encore, ils fouillaient dans les tas d'ordures.
Qu'ont-ils pris? Presque rien : les lattes du plan-
cher, pour faire du feu. Tout est calme; qu'ils
viennent à présent, les paysans du Nord : ils
trouveront une ville en ordre.
   Vous rappelez-vous juin 1940 et ces géants
funèbres qui fonçaient sur leurs camions, sur
leurs chars, à travers Paris désert? Ça, c'était
pittoresque : peu de volupté mais beaucoup de
pompe, du sang et de la mort : les Allemands
voulaient une victoire cérémonieuse. Ils l'ont

eue, et les beaux SS, debout sur les autos camou-
flées, ressemblaient à des prêtres, à des bourreaux, à des martyrs, à des Martiens, à tout,
sauf à des hommes. A présent, ouvrez l'album :
enfants et jeunes gens se sont massés sur le
passage des vainqueurs; ils sont amusés, curieux,
tranquilles, ils se croisent les bras et regardent.
Où est la victoire? Où est la terreur? Voici le
premier soldat communiste qu'on ait vu à Shanghaï depuis le commencement de la guerre civile :
c'est un petit homme au beau visage sombre, qui
porte son équipement au bout d'un bâton,
comme nos anciens soldats quand ils revenaient
de guerre. Ce petit homme épuisé, ces jeunes
spectateurs : on pourrait se croire à l'arrivée
d'une course à pied. Tournez la page, regardez-
les de dos, à présent, les soldats de la VIII⁰
Armée, sous leurs ombrelles, perdus sur une
grande avenue de Shanghaï. Ont-ils pris la ville,
ces paysans, ou bien est-ce la ville qui va les
prendre? Ils s'asseyent. Sur la chaussée, sur le
trottoir, à l'endroit même où, la veille encore,
une foule assise les attendait. Elle s'est relevée,
cette foule, elle s'est poussée tout contre eux,
elle les domine de toute sa taille et elle les
regarde. D'ordinaire, les vainqueurs se cachent
pour se reposer; mais ceux-ci, on dirait qu'ils
ne se soucient pas d'intimider. Ce sont eux,
pourtant, qui ont mis en déroute les troupes du
Kuo-Min-Tang armées par les Américains, ce
sont eux qui ont tenu l'armée japonaise en échec.
Ils semblent écrasés par les hauts buildings qui
les entourent. La guerre est finie : il faut gagner
la paix. Les photos rendent à merveille la solitude et l'angoisse de ces paysans au cœur d'une
ville superbe et pourrie. Derrière leurs persiennes,

les Messieurs reprennent courage : « Nous les mènerons par le bout du nez. »

Il n'a pas fallu très longtemps pour que les Messieurs changent d'avis. Mais c'est une autre histoire et Cartier-Bresson ne nous la raconte pas. Remercions-le d'avoir su nous montrer la plus humaine des victoires, la seule qu'on puisse, sans aucune réserve, aimer.

Préface à D'une Chine à l'autre, *par Henri Cartier-Bresson et Jean-Paul Sartre, Paris, Éd. Robert Delpire, 1954.*

LE COLONIALISME
EST UN SYSTÈME

Je voudrais vous mettre en garde contre ce qu'on peut appeler la « mystification néo-colonialiste ».

Les néo-colonialistes pensent qu'il y a de bons colons et des colons très méchants. C'est par la faute de ceux-ci que la situation des colonies s'est dégradée.

La mystification consiste en ceci : on vous promène en Algérie, on vous montre complaisamment la misère du peuple, qui est affreuse, on vous raconte les humiliations que les méchants colons font subir aux Musulmans. Et puis, quand vous êtes bien indignés, on ajoute : « Voilà pourquoi les meilleurs Algériens ont pris les armes : ils n'en pouvaient plus. » Si l'on s'y est bien pris, nous reviendrons convaincus :

1° Que le problème algérien est *d'abord* économique. Il s'agit, par de judicieuses réformes, de donner du pain à neuf millions de personnes.

2° Qu'il est ensuite *social* : il faut multiplier les médecins et les écoles.

3° Qu'il est, enfin, *psychologique* : vous vous rappelez de Man avec son «complexe d'infériorité» de la classe ouvrière. Il avait trouvé du même coup la clé du « caractère indigène » : mal traité, mal nourri, illettré, l'Algérien a un complexe d'infériorité vis-à-vis de ses maîtres. C'est en agissant sur ces trois facteurs qu'on le tranquillisera : s'il mange à sa faim, s'il a du travail et s'il sait lire, il n'aura plus la honte d'être un sous-homme et nous retrouverons la vieille fraternité franco-musulmane.

Mais surtout n'allons pas mêler à cela la *politique*. La politique, c'est abstrait : à quoi sert de voter si l'on meurt de faim? Ceux qui viennent nous parler de libres élections, d'une Constituante, de l'indépendance algérienne, ce sont des provocateurs ou des trublions qui ne font qu'embrouiller la question.

Voilà l'argument. A cela, les dirigeants du F. L. N. ont répondu : « Même si nous étions heureux sous les baïonnettes françaises, nous nous battrions. » Ils ont raison. Et surtout il faut aller plus loin qu'eux : sous les baïonnettes françaises, on ne peut qu'être malheureux. Il est vrai que la majorité des Algériens est dans une misère insupportable; mais il est vrai aussi que les réformes nécessaires ne peuvent être opérées ni par les bons colons ni par la « Métropole » elle-même, tant qu'elle prétend garder sa souveraineté en Algérie. Ces réformes seront l'affaire du peuple algérien lui-même, quand il aura conquis sa liberté.

C'est que la colonisation n'est ni un ensemble de hasards ni le résultat statistique de milliers d'entreprises individuelles. C'est un système qui fut mis en place vers le milieu du XIXᵉ siècle, commença de porter ses fruits vers 1880, entra dans son déclin après la Première Guerre mondiale et se retourne aujourd'hui contre la nation colonisatrice.

Voilà ce que je voudrais vous montrer, à propos de l'Algérie, qui est, hélas! l'exemple le plus clair et le plus lisible du système colonial. Je voudrais vous faire voir la rigueur du colonialisme, sa nécessité interne, comment il devait nous conduire exactement où nous sommes et comment l'intention la plus pure, si elle naît à l'intérieur de ce cercle infernal, est pourrie sur-le-champ.

Car il n'est pas vrai qu'il y ait de bons colons et d'autres qui soient méchants : il y a des colons, c'est tout [1]. Quand nous aurons compris cela, nous comprendrons pourquoi les Algériens ont raison de s'attaquer *politiquement d'abord* à ce système économique, social et politique et pourquoi leur libération et *celle de la France* ne peut sortir que de l'éclatement de la colonisation.

Le système ne s'est pas mis tout seul en place. A vrai dire ni la monarchie de Juillet ni la deuxième République ne savaient trop que faire de l'Algérie conquise.

On pensa la transformer en colonie de peuplement. Bugeaud concevait la colonisation « à la romaine ». On eût donné de vastes domaines aux soldats libérés de l'armée d'Afrique. Sa tentative n'eut pas de suite.

On voulut déverser sur l'Afrique le trop-plein des pays européens, les paysans les plus pauvres de France et d'Espagne; on créa, pour cette « racaille », quelques villages autour d'Alger, de Constantine, d'Oran. La plupart furent décimés par la maladie.

---

1. Je n'appelle colons ni les petits fonctionnaires, ni les ouvriers européens à la fois victimes et profiteurs innocents du régime.

Après juin 1848, on essaya d'y installer — il vaudrait mieux dire : d'y ajouter — des ouvriers chômeurs dont la présence inquiétait « les forces de l'ordre ». Sur 20 000 ouvriers transportés en Algérie, le plus grand nombre périt par les fièvres et le choléra; les survivants parvinrent à se faire rapatrier.

Sous cette forme, l'entreprise coloniale restait hésitante : elle se précisa sous le second Empire, en fonction de l'expansion industrielle et commerciale. Coup sur coup, les grandes compagnies coloniales vont se créer :

1863 : Société de Crédit Foncier Colonial et de Banque;
1865 : Société Marseillaise de Crédit;
Compagnie des Minerais de fer de Mokta;
Société Générale des Transports maritimes à vapeur.

Cette fois, c'est le capitalisme lui-même qui devient colonialiste. De ce nouveau colonialisme, Jules Ferry se fera le théoricien :

« La France, qui a toujours regorgé de capitaux et les a exportés en quantité considérable à l'étranger, a intérêt à considérer sous cet angle la question coloniale. C'est pour les pays voués comme le nôtre, par la nature même de leur industrie, à une grande exportation, la question même des débouchés... Là où est la prédominance politique, là est la prédominance des produits, la prédominance économique. »

Vous le voyez, ce n'est pas Lénine qui a défini le premier l'impérialisme colonial : c'est Jules Ferry, cette « grande figure » de la troisième République.

Et vous voyez aussi que ce ministre est d'ac-

cord avec les «fellagha» de 1956 : il proclame le
« politique d'abord! » qu'ils reprendront contre
les colons trois quarts de siècle plus tard.
D'abord vaincre les résistances, briser les
cadres, soumettre, terroriser.
Ensuite, seulement, on mettra le système économique en place.
Et de quoi s'agit-il? De créer des industries
dans le pays conquis? Pas du tout : les capitaux
dont la France « regorge » ne vont pas s'investir
dans des pays sous-développés; la rentabilité
serait incertaine, les profits seraient trop longs à
venir; il faudrait tout construire, tout équiper.
Et, si même cela pouvait se faire, à quoi bon
créer de toutes pièces une concurrence à la production métropolitaine? Ferry est très net : les
capitaux ne sortiront pas de France; ils s'inves-
tiront simplement dans des industries nouvelles
qui vendront leurs produits manufacturés au
pays colonisé. Le résultat immédiat fut l'établissement de l'Union douanière (1884). Cette
Union dure toujours : elle assure le monopole
du marché algérien à une industrie française
handicapée sur le marché international par ses
prix trop élevés.
Mais *à qui donc* cette industrie neuve comp-
tait-elle vendre ses produits? Aux Algériens?
Impossible : où auraient-ils pris l'argent pour
payer? La contrepartie de cet impérialisme
colonial, c'est qu'il faut créer un pouvoir d'achat
aux colonies. Et, bien entendu, ce sont les colons
qui vont bénéficier de tous les avantages et qu'on
va transformer en acheteurs éventuels. Le colon
est d'abord un acheteur artificiel, créé de toutes
pièces au-delà des mers par un capitalisme qui
cherche de nouveaux marchés.

Dès 1900, Peyerimhoff insistait sur ce caractère neuf de la colonisation « officielle » :
« Directement ou non, la propriété du colon lui
est venue de l'État gratuitement ou bien il a vu
journellement accorder des concessions autour de
lui; sous ses yeux, le gouvernement a fait pour les
intérêts individuels des sacrifices sensiblement
plus larges qu'il n'en consentirait dans des pays
plus anciens et complètement mis en valeur. »
   Ici se marque avec netteté la deuxième face
du diptyque colonial : pour être acheteur, le
colon doit être vendeur. À qui vendra-t-il? Aux
Français de la Métropole. Et que vendre sans
industrie? Des produits alimentaires et des ma-
tières premières. Cette fois, sous l'égide du
ministre Ferry et du théoricien Leroy-Beaulieu,
le statut colonial est constitué.
   Et quels sont les « sacrifices » que l'État
consent au colon, à cet homme chéri des dieux
et des exportateurs? La réponse est simple : il
lui sacrifie la propriété musulmane.
   Car il se trouve, en effet, que les produits
naturels du pays colonisé poussent sur la terre
et que cette terre appartient aux populations
« indigènes ». Dans certaines contrées peu peu-
plées, avec de grands espaces incultes, le vol de
la terre est moins manifeste : ce qu'on voit, c'est
l'occupation militaire, c'est le travail forcé. Mais
en Algérie, à l'arrivée des troupes françaises,
toutes les bonnes terres étaient cultivées. La prétendue « mise en valeur » s'est donc appuyée
sur une spoliation des habitants qui s'est pour-
suivie pendant un siècle : l'histoire de l'Algérie,
c'est la concentration progressive de la propriété
foncière européenne aux dépens de la propriété
algérienne.

Tous les moyens ont été bons.
Au début, on profite du moindre sursaut de résistance pour confisquer ou séquestrer. Bugeaud disait : Il faut que la terre soit bonne; peu importe à qui elle appartient.
La révolte de 1871 a beaucoup servi : on a pris des centaines de milliers d'hectares aux vaincus.
Mais cela risquait de ne pas suffire. Alors nous .avons voulu faire un beau cadeau aux Musulmans : nous leur avons donné notre Code civil.
Et pourquoi tant de générosité? Parce que la propriété tribale était le plus souvent collective et qu'on voulait l'émietter pour permettre aux spéculateurs de la racheter peu à peu.
En 1873, on chargea des commissaires enquêteurs de transformer les grandes propriétés indivises en un puzzle de biens individuels. A chaque héritage, ils constituaient des *lots* qu'ils remettaient à chacun. Certains de ces lots étaient fictifs : dans le douar de Harrar, pour 8 hectares, le commissaire enquêteur avait découvert 55 attributaires.
Il suffisait de corrompre l'un de ces attributaires : il réclamait le partage. La procédure française, compliquée et confuse, ruinait tous les copropriétaires; les marchands de biens européens rachetaient le tout pour une bouchée de pain.
Certes, on a vu, dans nos régions, des paysans pauvres, ruinés par la concentration des terres et la mécanisation, vendre leurs champs et rallier le prolétariat urbain : du moins, cette loi inexorable du capitalisme ne s'accompagnait-elle pas de vol proprement dit. Ici, avec préméditation, avec cynisme, on a imposé un code étranger aux Musulmans parce qu'on savait que ce Code ne

pouvait s'appliquer à eux et qu'il ne pouvait
avoir d'autre effet que d'anéantir les structures
internes de la société algérienne. Si l'opération
s'est continuée au xxᵉ siècle avec l'aveugle nécessité d'une loi économique, c'est que l'État français avait brutalement et artificiellement créé
les conditions du libéralisme capitaliste dans un
pays agricole et féodal. Cela n'a pas empêché,
tout récemment, des orateurs, à l'Assemblée, de
vanter l'adoption forcée de notre Code par l'Algérie comme « un des bienfaits de la civilisation
française ».

Voici les résultats de cette opération :

En 1850, le domaine des colons était de
115 000 hectares. En 1900, de 1 600 000; en
1950, de 2 703 000.

Aujourd'hui, 2 703 000 hectares appartiennent
aux propriétaires européens; l'État français possède 11 millions d'hectares sous le nom de « terres
domaniales »; on a laissé 7 millions d'hectares aux
Algériens. Bref, il a suffi d'un siècle pour les
déposséder des deux tiers de leur sol. La loi de
concentration a d'ailleurs joué en partie contre
les petits colons. Aujourd'hui, 6 000 propriétaires ont un revenu agricole brut de plus de
12 millions; quelques-uns atteignent au milliard.
Le système colonial est en place : l'État français
livre la terre arabe aux colons pour leur créer
un pouvoir d'achat qui permette aux industriels
métropolitains de leur vendre leurs produits; les
colons vendent aux marchés de la métropole les
fruits de cette terre volée.

A partir de là, le système se renforce par lui-
même; il tourne rond; nous allons le suivre dans
toutes ses conséquences et le voir devenir de
plus en plus rigoureux.

1º En *francisant* et en morcelant la propriété, on a brisé l'ossature de l'ancienne société tribale sans rien mettre à sa place. Cette destruction des cadres a été systématiquement encouragée : d'abord parce qu'elle supprimait les forces de résistance et substituait aux forces collectives une poussière d'individus; ensuite parce qu'elle créait de la main-d'œuvre (au moins tant que la culture n'était pas mécanisée) : cette main-d'œuvre seule permet de compenser les frais de transport, elle seule préserve les marges bénéficiaires des entreprises coloniales en face d'économies métropolitaines dont le coût de production ne cesse de baisser. Ainsi la colonisation a transformé la population algérienne en un immense prolétariat agricole. On a pu dire des Algériens : Ce sont les mêmes hommes qu'en 1830 et qui travaillent sur les mêmes terres; simplement, au lieu de les posséder, ils sont les esclaves de ceux qui les possèdent.

2º Si, du moins, le vol initial n'était pas du type *colonial*, on pourrait espérer peut - être qu'une production agricole mécanisée permettrait aux Algériens eux-mêmes d'acheter les produits de leur sol à meilleur marché. Mais les Algériens ne sont ni ne peuvent être les clients des colons. Le colon doit exporter pour payer ses importations : il produit pour le marché français. Il est amené par la logique du système à sacrifier les besoins des indigènes à ceux des Français de France.

Entre 1927 et 1932, la viticulture a gagné 173 000 hectares dont plus de la moitié a été prise aux Musulmans. Or les Musulmans ne boivent pas de vin. Sur ces terres qu'on leur vole, ils cultivaient des céréales pour le marché algérien. Cette fois, ce n'est pas seulement la terre qu'on leur ôte; en y plantant des vignes, on prive la population algérienne de son aliment principal. Un demi-million d'hectares, découpés dans les meilleurès terres et consacrés entièrement à la viticulture, sont réduits à l'improductivité et comme anéantis pour les masses musulmanes.

Et que dire des agrumes, qu'on trouve dans toutes les épiceries musulmanes. Croyez-vous que les fellahs mangent des oranges à leur dessert?

En conséquence, la production des céréales recule d'année en année vers le sud présaharien. On a trouvé des gens, bien sûr, pour prouver que c'était un bienfait de la France : si les cultures se déplacent, c'est que nos ingénieurs ont irrigué le pays jusqu'aux confins du désert. Ces mensonges peuvent tromper les habitants crédules ou indifférents de la Métropole : mais le fellah sait bien que le Sud n'est pas irrigué; s'il est contraint d'y vivre, c'est tout simplement parce que la France, sa bienfaitrice, l'a chassé du Nord; les bonnes terres sont dans la plaine, autour des villes : on a laissé le désert aux colonisés.

Le résultat, c'est une dégradation continue de la situation : la culture des céréales n'a pas progressé depuis soixante-dix ans. Pendant ce temps la population algérienne a triplé. Et si l'on veut compter cette surnatalité au nombre des bienfaits de la France, rappelons-nous que ce sont les populations les plus misérables qui ont la natalité la plus forte. Demanderons-nous aux Algériens de remercier notre pays parce qu'il a permis à leurs enfants de naître dans la misère, de vivre esclave et de mourir de faim? Pour ceux

qui douteraient de la démonstration, voici des
chiffres *officiels* :
En 1871, chaque habitant disposait de 5 quin-
taux de céréales;
En 1901, de 4 quintaux;
En 1940, de 2 q ½;
En 1945, de 2 quintaux.

En même temps, le resserrement des propriétés individuelles avait pour effet de supprimer
les terrains de parcours et les droits de péage.
Dans le Sud présaharien, où l'on cantonne les
éleveurs musulmans, le bétail se maintient à peu
près. Dans le Nord, il a disparu.
Avant 1914, l'Algérie disposait de 9 millions
de têtes de bétail.
En 1950, elle n'en a plus que 4 millions.
Aujourd'hui la production agricole est estimée
comme suit :
— les Musulmans produisent pour 48 milliards
de francs;
— les Européens, pour 92 milliards.
Neuf millions d'hommes fournissent le tiers
de la production agricole. Et n'oublions pas que
ce tiers seul est consommable par eux; le reste
s'en va en France. Ils ont donc, avec leurs instruments primitifs et leurs mauvaises terres,
l'obligation de se nourrir eux-mêmes. Sur la part
des Musulmans — en réduisant la consommation
de céréales à 2 quintaux par personne — il faut
retrancher 29 milliards pour l'autoconsomma-
tion. Cela se traduit dans les budgets familiaux
par l'impossibilité — pour la plupart des familles
— de limiter leurs dépenses alimentaires. La
nourriture prend tout leur argent; il ne reste

plus rien pour se vêtir, se loger, acheter des graines ou des instruments.

Et la seule raison de cette paupérisation progressive, c'est que la belle agriculture coloniale s'est installée comme un chancre au beau milieu du pays et qu'elle ronge tout.

3° La concentration des propriétés entraîne la mécanisation de l'agriculture. La Métropole est enchantée de vendre ses tracteurs aux colons. Pendant que la productivité du Musulman, cantonné sur de mauvaises terres, a diminué d'un cinquième, celle des colons s'accroît chaque jour pour leur seul profit : les vignobles de 1 à 3 hectares, où la modernisation de la culture est difficile, sinon tout à fait impossible, donnent 44 hectolitres à l'hectare. Les vignobles de plus de 100 hectares font 60 hectolitres à l'hectare.

Or, la mécanisation engendre le chômage technologique : les ouvriers agricoles sont remplacés par la machine. Ce serait d'une importance considérable mais limitée si l'Algérie possédait une industrie. Mais le système colonial le lui interdit. Les chômeurs refluent vers les villes où on les occupe quelques jours à des travaux d'aménagement et puis ils restent là, faute de savoir où aller : ce sous-prolétariat désespéré s'accroît d'année en année. En 1953, il n'y avait que 143 000 salariés officiellement enregistrés comme ayant travaillé plus de quatre-vingt-dix jours, soit un jour sur quatre. Rien ne montre mieux la rigueur croissante du système colonial : on commence par occuper le pays, puis on prend les terres et l'on exploite les anciens propriétaires à des tarifs de famine. Et puis, avec la mécanisation, cette main-d'œuvre à bon marché devient encore trop chère; on finit par ôter aux indigènes jusqu'au droit de travailler. L'Algérien *chez lui*, dans un pays en pleine prospérité, n'a plus qu'à mourir de famine. Ceux qui, chez nous, osent se plaindre que des Algériens viennent prendre la place de travailleurs français, savent-ils que 80 % d'entre eux envoient la moitié de leur paye à leur famille, et qu'un million et demi de personnes restées dans les douars vivent exclusivement de l'argent que leur envoient ces 400 000 exilés volontaires? Et cela aussi, c'est la conséquence rigoureuse du système : les Algériens sont contraints de chercher en France les emplois que la France leur refuse en Algérie.

Pour 90 % des Algériens, l'exploitation coloniale est méthodique et rigoureuse : expulsés de leurs terres, cantonnés sur des sols improductifs, contraints de travailler pour des salaires dérisoires, la crainte du chômage décourage leurs révoltes; les grévistes ont peur qu'on ne fasse des « jaunes » avec les chômeurs. Du coup, le colon est roi, il n'accorde rien de ce que la pression des masses a pu arracher aux patrons de France : pas d'échelle mobile, pas de conventions collectives, pas d'allocations familiales, pas de cantines, pas de logements ouvriers. Quatre murs de boue séchée, du pain, des figues, dix heures de travail par jour : ici le salaire est vraiment et ostensiblement le minimum nécessaire à la récupération des forces de travail.

Voilà le tableau. Peut-on du moins trouver une compensation à cette misère systématiquement créée par les usurpateurs européens dans ce qu'on appelle les biens non directement mesurables, aménagements et travaux publics, hygiène, instruction? Si nous avions cette consolation, peut-être pourrait-on garder quelque espoir : peut-être des réformes judicieusement choisies... Mais non : le système est impitoyable. Puisque la France a, du premier jour, dépossédé et refoulé les Algériens, puisqu'elle les a traités comme un bloc inassimilable, toute l'œuvre française en Algérie a été accomplie au profit des colons.

Je ne parle même pas des aérodromes et des ports : servent-ils au fellah sauf pour aller crever de misère et de froid dans les bas quartiers de Paris?

Mais les routes? Elles relient les grandes villes aux propriétés européennes et aux secteurs militarisés. Seulement elles n'ont pas été faites pour permettre d'atteindre les Algériens chez eux.

La preuve?

Dans la nuit du 8 au 9 septembre 1954, un séisme ravage Orléansville et la région du Bas-Chélif.

Les journaux annoncent : 39 morts européens, 1 370 français musulmans.

Or, parmi ces morts, 400 n'ont été *découverts* que trois jours après le cataclysme. Certains douars n'ont reçu les premiers secours que six jours plus tard. L'excuse des équipes de sauveteurs est la condamnation de l'œuvre française : « Que voulez-vous! Ils étaient trop loin des routes. »

L'hygiène au moins? La santé publique?

A la suite du séisme d'Orléansville, l'administration a voulu enquêter sur la condition des douars. Ceux qu'elle a choisis, au hasard, se trouvaient à 30 ou 40 kilomètres de la ville et n'étaient visités que *deux fois par an* par le médecin chargé de l'assistance médicale.

Quant à notre fameuse culture, qui sait si les

Algériens étaient fort désireux de l'acquérir ? Mais ce qui est sûr, c'est que nous la leur avons refusée. Je ne dirai pas que nous avons été aussi cyniques que dans cet État du Sud des U. S. A. où une loi, conservée jusqu'au début du XIXᵉ siècle, interdisait *sous peine d'amende* d'apprendre à lire aux esclaves noirs. Mais enfin nous avons voulu faire de nos « frères musulmans » une population d'analphabètes. On compte aujourd'hui encore 80 % d'illettrés en Algérie. Passe encore si nous ne leur avions interdit que l'usage de notre langue. Mais il entre nécessairement dans le système colonialiste qu'il tente de barrer la route de l'histoire aux colonisés ; comme les revendications nationales, en Europe, se sont toujours appuyées sur l'unité de la langue, on a refusé aux Musulmans l'usage de leur propre langage. Depuis 1830, la langue arabe est considérée en Algérie comme une langue étrangère ; on la parle encore, mais elle n'est plus langue écrite que virtuellement. Ce n'est pas tout : pour maintenir les Arabes dans l'émiettement, l'administration française leur a confisqué leur religion ; elle recrute les desservants du culte islamique parmi des créatures à sa solde. Elle a maintenu les superstitions les plus basses, parce qu'elles désunissent. La séparation de l'Église et de l'État, c'est un privilège républicain, un luxe bon pour la Métropole. En Algérie, la République française ne peut pas se permettre d'être républicaine. Elle maintient l'inculture et les croyances de la féodalité, mais en supprimant les structures et les coutumes qui permettent à une féodalité vivante d'être *malgré tout* une société humaine ; elle impose un code individualiste et libéral pour ruiner les cadres et les essors de la collectivité algérienne, mais elle maintient des roitelets qui ne tiennent leur pouvoir que d'elle et qui gouvernent pour elle. En un mot, elle *fabrique* des « indigènes » par un double mouvement qui les sépare de la collectivité archaïque en leur donnant ou en leur conservant, *dans la solitude de l'individualisme libéral,* une mentalité dont l'archaïsme ne peut se perpétuer qu'en relation avec l'archaïsme de la sociëté. Elle crée des *masses,* mais les empêche de devenir un prolétariat conscient en les mystifiant par la caricature de leur propre idéologie.

C'est ici que j'en reviens à notre interlocuteur du début, à notre réaliste au cœur tendre qui nous proposait des réformes massives en disant : « L'économie d'abord! » Je lui réponds : Oui, le fellah meurt de faim, oui, il manque de tout, de terres, de travail et d'instruction; oui, les maladies l'accablent; oui, l'état présent en Algérie est comparable aux pires misères d'Extrême-Orient. Et pourtant il est impossible de commencer par les transformations économiques parce que la misère et le désespoir des Algériens sont l'effet direct et nécessaire du colonialisme et qu'on ne les supprimera jamais tant que le colonialisme durera. C'est ce que savent *tous* les Algériens conscients. Et tous sont d'accord avec ce mot d'un Musulman : « Un pas en avant, deux pas en arrière. Voilà la réforme coloniale. »

C'est que le système anéantit par lui-même et sans effort toutes les tentatives d'aménagement : il ne peut se maintenir qu'en devenant chaque jour plus dur, plus inhumain.

Admettons que la Métropole propose une réforme. Trois cas sont possibles :

1° La réforme tourne automatiquement à l'avantage du colon et du colon *seul*.

Pour accroître le rendement des terres, on a construit des barrages et tout un système d'irrigation. Mais vous comprenez que l'eau ne peut alimenter que les terres des vallées. Or, ces terres ont toujours été les meilleures d'Algérie et les Européens les ont accaparées. La loi Martin, dans ses considérants, reconnaît que les trois quarts des terres irriguées appartiennent aux colons. Allez donc irriguer le Sud présaharien!

2° On la dénature de manière à la rendre inefficace.

Le statut de l'Algérie est monstrueux par lui-même. Le gouvernement français espérait-il mystifier les populations musulmanes en octroyant cette Assemblée à deux collèges? Ce qui est sûr, c'est qu'on ne lui a même pas laissé le loisir de conduire jusqu'au bout sa mystification. Les colons n'ont même pas voulu laisser à l'indigène la chance d'être mystifié. C'était déjà trop pour eux : ils ont trouvé plus simple de truquer publiquement les élections. Et, de leur point de vue, ils avaient parfaitement raison : quand on assassine les gens, mieux vaut les bâillonner d'abord. C'est le colonialisme qui se tourne, en leur personne, contre le néo-colonialisme pour en supprimer les dangereuses conséquences.

3° On la laisse en sommeil avec la complicité de l'administration.

La loi Martin prévoyait que les colons, en compensation de la plus-value donnée à leur terre par l'irrigation, céderaient quelques parcelles du sol à l'État. L'État aurait *vendu* ces parcelles à des Algériens qui auraient eu licence de s'acquitter de leurs dettes en vingt-cinq ans.

Vous le voyez : la réforme était modeste : il
s'agissait tout simplement de revendre à quelques
indigènes choisis une infime partie des terres
qu'on avait volées à leurs parents. Les colons
n'y perdaient pas un sou.
Mais il ne s'agit pas pour eux de ne point
perdre : il faut gagner toujours davantage. Habi-
tués depuis cent ans aux « sacrifices » que la
Métropole fait *pour eux*, ils ne sauraient admettre
que ces sacrifices puissent profiter aux indigènes.
Résultat : la loi Martin a été mise en sommeil.

On comprendra l'attitude colonialiste si l'on
réfléchit au sort qu'ils ont réservé aux « offices
agricoles pour l'instruction technique du paysan
musulman ». Cette institution, créée sur le papier
et à Paris, n'avait d'autre but que d'élever légèrement la productivité du fellah : juste assez
pour l'empêcher de mourir de faim. Mais les néo-
colonialistes de la Métropole ne se rendaient pas
compte qu'elle allait directement contre le système : pour que la main-d'œuvre algérienne fût
abondante, il fallait que le fellah continuât à
produire peu et pour des prix élevés. Si l'on
répandait l'instruction technique, les ouvriers
agricoles ne se feraient-ils pas plus rares? plus
exigeants? La concurrence du propriétaire musulman ne serait-elle pas à redouter? Et puis
surtout, l'instruction, quelle qu'elle soit et d'où
qu'elle vienne, est un instrument d'émancipation. Le gouvernement, quand il est de droite,
le sait si bien qu'il refuse d'instruire, en France,
nos propres paysans. Ce n'est tout de même pas
pour aller répandre le savoir technique parmi les
indigènes! Mal vus, attaqués partout — sournoisement en Algérie, violemment au Maroc —
ces offices restent inopérants.

A partir de là, toutes les réformes restent inefficaces. En particulier, elles coûtent cher. Trop lourdes pour la métropole, les colons d'Algérie n'ont ni les moyens ni la volonté de les financer. La scolarisation totale — réforme souvent proposée — reviendrait à 500 milliards d'anciens francs (en comptant à 32 000 francs le coût annuel d'un écolier). Or, le revenu total de l'Algérie est de 300 milliards. La réforme de l'enseignement ne peut être réalisée que par une Algérie industrialisée et qui aurait au moins triplé ses revenus. Mais le système colonial s'oppose, nous l'avons vu, à l'industrialisation. La France peut engloutir des milliards dans de grands travaux : on sait parfaitement qu'il n'en restera rien.

Et, quand nous parlons de « système colonial », il faut nous entendre : il ne s'agit pas d'un mécanisme abstrait. Le système existe, il fonctionne; le cycle infernal du colonialisme est une réalité. Mais cette réalité s'incarne dans un million de colons, fils et petits-fils de colons, qui ont été modelés par le colonialisme et qui pensent, parlent et agissent selon les principes mêmes du système colonial.

Car le colon est fabriqué comme l'indigène : il est fait par sa fonction et par ses intérêts.

Lié à la Métropole par le pacte colonial, il est venu commercialiser pour elle, en échange d'un gros profit, les denrées du pays colonisé. Il a même créé des cultures nouvelles qui reflètent les besoins de la Métropole beaucoup plus que ceux des indigènes. Il est donc double et contradictoire : il a sa « patrie », la France, et son « pays », l'Algérie. En Algérie, il représente la France et ne veut avoir de rapports qu'avec elle. Mais ses intérêts *économiques* l'amènent à s'oppo-

ser aux institutions *politiques* de sa patrie. Les
institutions françaises sont celles d'une démocratie bourgeoise fondée sur le capitalisme libéral. Elles comportent le droit de vote, celui
d'association et la liberté de la presse.

Mais le colon, dont les intérêts sont directement contraires à ceux des Algériens et qui ne
peut asseoir la surexploitation que sur l'oppression pure et simple, ne peut admettre ces droits
que *pour lui* et pour en jouir *en France*, au milieu
des Français. Dans cette mesure, il déteste l'universalité — au moins formelle — des institutions
métropolitaines. Précisément parce qu'elles s'appliquent à tout le monde, l'Algérien pourrait s'en
réclamer. Une des fonctions du racisme, c'est de
compenser l'universalisme latent du libéralisme
bourgeois : puisque tous les hommes ont les
mêmes droits, on fera de l'Algérien un sous-
homme. Et ce refus des institutions de sa patrie,
lorsque ses concitoyens veulent les étendre à
« son » pays, détermine chez tout colon une
tendance sécessionniste. N'est-ce pas le président
des maires d'Algérie qui disait, il y a quelques
mois : « Si la France est défaillante, nous la
remplacerons » ?

Mais la contradiction prend tout son sens
quand le colon explique que les Européens sont
isolés au milieu des Musulmans et que le rapport
des forces est de neuf contre un. Précisément
parce qu'ils sont isolés, ils refusent tout statut
qui donnerait le pouvoir à une majorité. Et,
pour la même raison, ils n'ont d'autre ressource
que de se maintenir par la force.

Mais justement à cause de cela — et parce que
les rapports de forces eux-mêmes ne peuvent
que se retourner contre eux — ils ont besoin de

la puissance métropolitaine, c'est-à-dire de l'Armée française. De sorte que ces séparatistes sont aussi d'hyperpatriotes. Républicains en France — dans la mesure où nos institutions leur permettent de constituer *chez nous* un pouvoir politique —, ils sont en Algérie des fascistes qui haïssent la république et qui aiment passionnément l'Armée républicaine.

Peuvent-ils être autrement? Non. Pas tant qu'ils seront des colons. Il est arrivé que des envahisseurs, installés dans un pays, se mélangent à la population autochtone et finissent par faire une nation : c'est alors qu'on voit naître — au moins pour certaines classes — des intérêts nationaux communs. Mais les colons sont des envahisseurs que le pacte colonial a complètement coupés des envahis : depuis plus d'un siècle que nous occupons l'Algérie, on ne signale presque pas de mariages mixtes ni d'amitiés franco-musulmanes. Colons, leur intérêt c'est de ruiner l'Algérie au profit de la France. Algériens, ils seraient obligés, d'une manière ou d'une autre et *pour leurs propres intérêts,* de s'intéresser au développement économique — et par conséquent culturel — du pays.

Pendant ce temps, la Métropole est prise au piège du colonialisme. Tant qu'elle affirme sa souveraineté sur l'Algérie, elle est compromise par le système, c'est-à-dire par des colons qui nient ses institutions; et le colonialisme oblige la Métropole à envoyer des Français démocrates à la mort pour protéger la tyrannie que des colons antidémocrates exercent sur les Algériens. Mais là encore, le piège fonctionne et le cercle se resserre : la répression que nous exerçons à leur profit les rend chaque jour plus haïssables; dans la mesure même où elles les protègent, nos troupes augmentent le danger qu'ils courent, ce qui rend la présence de l'Armée d'autant plus indispensable. La guerre coûtera cette année, si on la continue, plus de 300 milliards, ce qui correspond à la totalité des revenus algériens. Nous en arrivons au point où le système se détruit lui-même : les colonies coûtent plus qu'elles ne rapportent.

En détruisant la communauté musulmane, en refusant l'assimilation des Musulmans, les colons étaient logiques avec eux-mêmes; l'assimilation supposait qu'on garantisse aux Algériens tous les droits fondamentaux, qu'on les fasse bénéficier de nos institutions de sécurité et d'assistance, qu'on fasse place, dans l'Assemblée métropolitaine, à cent députés d'Algérie, qu'on assure aux Musulmans un niveau de vie égal à celui des Français en opérant une réforme agraire et en industrialisant le pays. L'assimilation poussée jusqu'au bout, c'était tout simplement la suppression du colonialisme : comment voulait-on l'obtenir du colonialisme lui-même? Mais puisque les colons n'ont rien à offrir aux colonisés que la misère, puisqu'ils les tiennent à distance, puisqu'ils en font un bloc inassimilable, cette attitude radicalement négative doit avoir pour contrepartie nécessaire une prise de conscience des masses. La liquidation des structures féodales, après avoir affaibli la résistance arabe, a pour effet de faciliter cette prise de conscience collective : de nouvelles structures prennent naissance. C'est par réaction à la ségrégation et dans la lutte quotidienne que s'est découverte et forgée la personnalité algérienne. Le nationalisme algérien n'est pas la simple reviviscence d'anciennes traditions, d'anciens attachements : c'est l'unique issue dont les Algériens disposent pour faire cesser leur exploitation. Nous avons vu Jules Ferry déclarer à la Chambre : « Là où est la prédominance politique, là est la prédominance économique... » Les Algériens meurent de notre prédominance économique, mais ils font leur profit de cet enseignement : pour la supprimer, c'est à notre prédominance politique qu'ils ont décidé de s'attaquer. Ainsi les colons ont formé eux-mêmes leurs adversaires; ils ont montré aux hésitants qu'aucune solution n'était possible en dehors d'une solution de force.

L'unique bienfait du colonialisme, c'est qu'il doit se montrer intransigeant pour durer et qu'il prépare sa perte par son intransigeance.

Nous, Français de la Métropole, nous n'avons qu'une leçon à tirer de ces faits : le colonialisme est en train de se détruire lui-même. Mais il empuantit encore l'atmosphère : il est notre honte, il se moque de nos lois ou les caricature; il nous infecte de son racisme, comme l'épisode de Montpellier l'a prouvé l'autre jour, il oblige nos jeunes gens à mourir *malgré eux* pour les principes nazis que nous combattions il y a dix ans; il tente de se défendre en suscitant un fascisme jusque chez nous, en France. Notre rôle, c'est de l'aider à mourir. Non seulement en Algérie, mais partout où il existe. Les gens qui parlent d'abandon sont des imbéciles : il n'y a pas à abandonner ce que nous n'avons jamais possédé. Il s'agit, tout au contraire, de construire avec les Algériens des relations nouvelles entre une France libre et une Algérie libérée. Mais n'allons pas, surtout, nous laisser détourner de notre tâche par la mystification réformiste. Le néo-colonialiste est un niais qui croit encore qu'on peut aménager le système colonial — ou un malin qui propose des réformes parce qu'il sait qu'elles sont inefficaces. Elles viendront en leur temps, ces réformes : c'est le peuple algérien qui les fera. La seule chose que nous puissions et devrions tenter — mais c'est aujourd'hui l'essentiel —, c'est de lutter à ses côtés pour délivrer *à la fois* les Algériens et les Français de la tyrannie coloniale.

Les Temps Modernes, n° 123, mars-avril 1956.
Intervention dans un Meeting « pour la paix en Algérie ».

« PORTRAIT DU COLONISÉ »
PRÉCÉDÉ DU
« PORTRAIT DU COLONISATEUR »
par Albert Memmi

Le Sudiste seul a compétence pour parler de l'esclavage : c'est qu'il connaît le nègre; les gens du Nord, puritains abstraits, ne connaissent que l'Homme, qui est une entité. Ce beau raisonnement sert encore : à Houston, dans la presse de La Nouvelle-Orléans et puis, comme on est toujours le Nordiste de quelqu'un, en Algérie « française »; les journaux de là-bas nous répètent que le colon seul est qualifié pour parler de la colonie : nous autres, métropolitains, nous n'avons pas son expérience; nous verrons la terre brûlante d'Afrique par ses yeux ou nous n'y verrons que du feu.

Aux personnes que ce chantage intimide, je recommande de lire le *Portrait du colonisé* précédé du *Portrait du colonisateur*. Cette fois, c'est expérience contre expérience; l'auteur, un Tunisien, a raconté dans *La Statue de sel* sa jeunesse amère. Qu'est-il au juste? Colonisateur ou colonisé? Il dirait, lui : ni l'un ni l'autre; vous direz peut-être : l'un et l'autre; au fond, cela revient au même. Il appartient à un de ces groupes indigènes mais non musulmans, « plus ou moins avantagés par rapport aux masses colonisées et...

refusés... par le groupement colonisateur » qui
pourtant ne « décourage pas tout à fait » leurs
efforts pour s'intégrer à la société européenne.
Unis par une solidarité de fait au sous-prolétariat, séparés de lui par de maigres privilèges,
leurs membres vivent dans un malaise perpé-
tuel. Memmi a éprouvé cette double solidarité
et ce double refus : le mouvement qui oppose
les colons aux colonisés, les « colons qui se
refusent » aux « colons qui s'acceptent ». Il l'a
si bien compris parce qu'il l'a senti d'abord
comme sa propre contradiction. Il explique fort
bien dans son livre que ces déchirures de l'âme,
pures intériorisations des conflits sociaux, ne disposent pas à l'action. Mais celui qui en souffre,
s'il prend conscience de soi, s'il connaît ses complicités, ses tentations et son exil, peut éclairer
les autres en parlant de soi-même : « force négli-
geable dans la confrontation », ce suspect ne
représente personne; mais, puisqu'il *est* tout le
monde à la fois, il fera le meilleur des témoins.
Mais le livre de Memmi ne *raconte* pas; s'il est
nourri de souvenirs, il les a tous assimilés; c'est
la *mise en forme* d'une expérience : entre l'usurpation raciste des colons et la nation future que
les colonisés construiront, où « il soupçonne qu'il
n'aura pas de place », il essaie de vivre sa particularité en la dépassant vers l'universel. Non
pas vers l'Homme, qui n'existe pas encore, mais
vers une Raison rigoureuse et qui s'impose à
tous. Cet ouvrage sobre et clair se range parmi
les « géométries passionnées » : son objectivité
calme, c'est de la souffrance et de la colère
dépassées.
C'est pour cela, sans doute, qu'on peut lui
reprocher une apparence d'idéalisme : en fait,

tout est dit. Mais on le chicanera un peu sur
l'ordre adopté. Il eût mieux valu, peut-être,
montrer le colonialiste et sa victime pareillement
étranglés par *l'appareil* colonial, cette lourde
machine qui s'est construite à la fin du second
Empire, sous la troisième République, et qui,
après avoir donné toute satisfaction aux colo-
nisateurs, se retourne contre eux et risque de
les broyer. En fait, le racisme est inscrit dans le
système : la colonie vend bon marché des denrées alimentaires, des produits bruts, elle achète
très cher à la Métropole des produits manufacturés. Cet étrange commerce n'est profitable
aux deux parties que si l'indigène travaille pour
rien, ou presque. Le sous-prolétariat agricole ne
peut pas même compter sur l'alliance des Européens les moins favorisés : tous vivent sur lui,
y compris ces « petits colons » que les grands
propriétaires exploitent mais qui, comparés aux
Algériens, sont encore des privilégiés ; le revenu
moyen du Français d'Algérie est dix fois supérieur à celui du Musulman. La tension naît de
là. Pour que les salaires et le prix de la vie soient
au plus bas, il faut une concurrence très forte
entre les travailleurs indigènes, donc que le taux
de la natalité s'accroisse; mais comme les ressources du pays sont limitées par l'usurpation
coloniale, *pour les mêmes salaires,* le niveau de
vie musulman baisse sans cesse, la population
vit en état de sous-alimentation perpétuelle. La
conquête s'est faite par la violence; la surexploitation et l'oppression exigent le maintien de la
violence, donc la présence de l'Armée. Il n'y
aurait pas là de contradiction si la terreur régnait
partout sur la terre : mais le colon jouit là-bas,
dans la Métropole, des droits démocratiques que

le système colonial refuse aux colonisés : c'est
le système, en effet, qui favorise l'accroissement
de la population pour abaisser le coût de la main-
d'œuvre, et c'est lui encore qui interdit *l'assimilation des indigènes* : s'ils avaient le droit de vote,
leur supériorité numérique ferait tout éclater à
l'instant. Le colonialisme refuse les *droits de
l'homme* à des hommes qu'il a soumis par la violence, qu'il maintient de force dans la misère et
l'ignorance, donc, comme dirait Marx, en état
de « sous-humanité ». Dans les faits eux-mêmes,
dans les institutions, dans la nature des échanges
et de la production, le racisme est inscrit; les
statuts politique et social se renforcent mutuellement : puisque l'indigène est un sous-homme,
la Déclaration des Droits de l'Homme ne le
concerne pas; inversement, puisqu'il n'a pas de
droits, il est abandonné sans protection aux
forces inhumaines de la nature, aux « lois d'ai-
rain » de l'économie. Le racisme est *déjà là*, porté
par la *praxis* colonialiste, engendré à chaque
minute par l'appareil colonial, soutenu par ces
relations de production qui définissent deux
sortes d'individus : pour les uns, le privilège et
l'humanité ne font qu'un; ils se font hommes par
le libre exercice de leurs droits; pour les autres,
l'absence de droit sanctionne leur misère, leur faim
chronique, leur ignorance, bref sa sous-humanité. J'ai toujours pensé que les idées se des-
sinent dans les choses et qu'elles sont déjà dans
l'homme, quand il les réveille et les exprime pour
s'expliquer sa situation. Le « conservatisme » du
colon, son « racisme », les rapports ambigus avec
la Métropole, tout est donné *d'abord*, avant qu'il
les ressuscite dans le « complexe de Néron ».
Memmi me répondrait sans doute qu'il ne dit

pas autre chose : je le sais [1]; du reste c'est lui,
peut-être, qui a raison : en exposant ses idées
dans l'ordre de la découverte, c'est-à-dire à
partir des intentions humaines et des relations
vécues, il garantit l'authenticité de son expérience ; il a souffert d'abord dans ses rapports
avec les autres, dans ses rapports avec lui-même;
il a rencontré la structure objective en appro-
fondissant la contradiction qui le déchirait; et
il nous les livre telles quelles, brutes, encore
toutes pénétrées de sa subjectivité.

Mais laissons ces chicanes. L'ouvrage établit
quelques vérités fortes. D'abord qu'il n'y a ni
bons ni mauvais colons : il y a des colonialistes.
Parmi eux, quelques-uns refusent leur réalité
objective : entraînés par l'appareil colonial, ils
font tous les jours *en fait* ce qu'ils condamnent
en rêve et chacun de leurs actes contribue à
maintenir l'oppression; ils ne changeront rien,
ne serviront à personne et trouveront leur confort
moral dans le malaise, voilà tout.

Les autres — c'est le plus grand nombre —
commencent ou finissent par s'accepter.

Memmi a remarquablement décrit la suite de
démarches qui les conduit à l' «auto-absolution ».
Le conservatisme engendre la sélection des mé-
diocres. Comment peut-elle fonder ses privilèges, cette élite d'usurpateurs conscients de leur
médiocrité? Un seul moyen : abaisser le colonisé
pour se grandir, refuser la qualité d'homme aux
indigènes, les définir comme de simples *priva-
tions*. Cela ne sera pas difficile puisque, juste-

---

1. N'écrit-il pas : « La situation coloniale fabrique des colonialistes comme elle fabrique des colonies »? (P. 77.) Toute la
différence entre nous vient peut-être de ce qu'il voit une situation là où je vois un système.

ment, le système les prive de tout; la *pratique*
colonialiste a gravé l'idée coloniale dans les
choses mêmes; c'est le mouvement des choses
qui désigne à la fois le colon et le colonisé. Ainsi
l'oppression se justifie par elle-même : les oppresseurs produisent et maintiennent de force les
maux qui rendent, *à leurs yeux*, l'opprimé de
plus en plus semblable à ce qu'il faudrait qu'il
fût pour mériter son sort. Le colon ne peut
s'absoudre qu'en poursuivant systématiquement
la « déshumanisation » du colonisé, c'est-à-dire en
s'identifiant chaque jour un peu plus à l'appareil
colonial. La terreur et l'exploitation déshuma-
nisent et l'exploiteur s'autorise de cette déshumanisation pour exploiter davantage. La machine tourne rond; impossible de distinguer l'idée
de la *praxis* et celle-ci de la nécessité objective.
Ces moments du colonialisme tantôt se condi-
tionnent réciproquement et tantôt se confondent.
L'oppression, c'est *d'abord* la haine de l'oppresseur contre l'opprimé. Une seule limite à cette
entreprise d'extermination : le colonialisme lui-
même. C'est ici que le colon rencontre sa propre
contradiction : avec le colonisé disparaîtrait
la colonisation, colonisateur compris. Plus de
sous-prolétariat, plus de surexploitation : on
retomberait dans les formes ordinaires de l'exploitation capitaliste, les salaires et les prix s'ali-
gneraient sur ceux de la Métropole ; ce serait la
ruine. Le système veut à la fois la mort et la
multiplication de ses victimes; toute transformation lui sera fatale : qu'on assimile ou qu'on
massacre les indigènes, le coût de la main-
d'œuvre ne cessera de monter. La lourde machine
maintient entre la vie et la mort — toujours plus
près de la mort que de la vie — ceux qui sont

contraints de la mouvoir; une idéologie pétrifiée
s'applique à considérer *des hommes* comme des
bêtes qui parlent. Vainement : pour leur donner
des ordres, fût-ce les plus durs, les plus insul-
tants, il faut commencer par les *reconnaître*; et
comme on ne peut les surveiller sans cesse, il faut
bien se résoudre à leur faire confiance : nul ne
peut traiter un homme « comme un chien », s'il
ne le tient d'abord pour un homme. L'impossible
déshumanisation de l'opprimé se retourne et
devient l'aliénation de l'oppresseur : c'est lui,
c'est lui-même qui ressuscite par son moindre
geste l'humanité qu'il veut détruire; et, comme
il la nie chez les autres, il la retrouve partout
comme une force ennemie. Pour y échapper, il
faut qu'il se minéralise, qu'il se donne la consis-
tance opaque et l'imperméabilité du roc, bref
qu'il se « déshumanise » à son tour.
   Une impitoyable réciprocité rive le colonisateur au colonisé, son produit et son destin.
Memmi l'a fortement marquée; nous découvrons
avec lui que le système colonial est une forme en
mouvement, née vers le milieu du siècle dernier
et qui produira d'elle-même sa propre destruction : voici longtemps déjà qu'elle coûte aux
métropoles plus qu'elle ne leur rapporte; la
France est écrasée sous le poids de l'Algérie et
nous savons à présent que nous abandonnerons
la guerre, sans victoire ni défaite, quand nous
serons trop pauvres pour la payer. Mais, avant
tout, c'est la rigidité mécanique de l'appareil qui
est en train de le détraquer : les anciennes structures sociales sont pulvérisées, les indigènes « ato-
misés » et la société coloniale ne peut les
intégrer sans se détruire; il faudra donc qu'ils
retrouvent leur unité *contre elle.* Ces exclus reven-

diqueront leur exclusion sous le nom de personnalité nationale : c'est le colonialisme qui crée
le patriotisme des colonisés. Maintenus par un
système oppressif au niveau de la bête, on ne
leur donne aucun droit, pas même celui de vivre,
et leur condition empire chaque jour : quand un
peuple n'a d'autre ressource que de choisir son
genre de mort, quand il n'a reçu de ses oppresseurs qu'un seul cadeau, le désespoir, qu'est-ce
qui lui reste à perdre? C'est son malheur qui
deviendra son courage; cet éternel refus que la
colonisation lui oppose, il en fera le refus absolu
de la colonisation. Le secret du prolétariat, a dit
Marx un jour, c'est qu'il porte en lui la destruction de la société bourgeoise. Il faut savoir
gré à Memmi de nous avoir rappelé que le colonisé a lui aussi son secret, et que nous assistons
à l'atroce agonie du colonialisme.

Les Temps Modernes, n⁰ˢ 137-138, juillet-
août 1957.

« VOUS ÊTES FORMIDABLES » [1]

On vient de publier un recueil de dépositions et de documents sur nos méthodes de pacification : *Des rappelés témoignent* [2]. L'avez-vous lu? Ces rappelés sont des chrétiens, des aumôniers, des prêtres mobilisés. Sur la politique générale, il paraît vraisemblable que leurs opinions diffèrent, aussi n'en soufflent-ils pas mot. Mais ils ont en commun la volonté de révéler cette gangrène — encore bien éloignée de s'étendre à l'Armée entière, mais qu'on ne peut déjà plus tout à fait localiser —, l'exercice cynique et systématique de la violence absolue. Pillages, viols, représailles exercées contre la population civile, exécutions sommaires, recours à la torture pour arracher des aveux ou des renseignements, ils ne cachent rien, ils dénoncent tous les crimes de guerre qu'on a commis sous leurs yeux. Ces récits mesurés, intelligents, soucieux de rendre justice à tous, même au plus coupable, constituent le dossier le plus accablant. La lecture en est par-

1. Il me semble indispensable de donner l'audience la plus large à la brochure dont je vais parler. C'est par cette raison que j'ai écrit cet article : je le destinais à un grand quotidien. Le grand quotidien l'ayant refusé, je le publie dans *Les Temps Modernes*.
2. Édité par le Comité de Résistance Spirituelle, 14 *ter*, rue du Landy, à Clichy (Seine).

faitement insupportable; pour passer d'une ligne à l'autre, il faut se forcer. Pourtant, je prends sur moi de recommander instamment la brochure à tous ceux qui ne la connaissent pas encore et je souhaite, pour ma part, que tous les Français la lisent. C'est que nous sommes malades, très malades; fiévreuse et prostrée, obsédée par ses vieux rêves de gloire et par le pressentiment de sa honte, la France se débat au milieu d'un cauchemar indistinct qu'elle ne peut ni fuir ni déchiffrer. Ou bien nous verrons clair ou bien nous allons crever.

Depuis dix-huit mois notre pays est victime de ce que le Code a nommé une « entreprise de démoralisation ». Et ce n'est pas en sabotant d'abord son « moral » qu'on démoralise une nation, c'est en abaissant sa moralité; quant au procédé, tout le monde le connaît : en nous précipitant dans une aventure abjecte, on a mis en nous, du dehors, une culpabilité sociale. Mais nous votons, nous donnons des mandats et d'une certaine façon, nous pouvons les révoquer, les remous de l'opinion publique font tomber les ministères : les crimes que l'on commet en notre nom, il faut bien que nous en soyons personnellement complices puisqu'il reste en notre pouvoir de les arrêter. Cette culpabilité qui reposait en nous, inerte, étrangère, il faut bien que nous la reprenions à notre compte et que nous nous avilissions nous-mêmes pour pouvoir la supporter.

Pourtant nous ne sommes pas tombés si bas que nous puissions entendre sans horreur les cris d'un enfant torturé [1]. Ces cris, comme tout serait

---

1. *Des rappelés témoignent,* pp. 10 et 599.

simple, comme tout serait vite réglé si une fois, une seule fois ils frappaient nos oreilles, mais on nous rend le service de les étouffer. Ce n'est pas le cynisme, ce n'est pas la haine qui nous démo-ralisent : non, ce n'est que la fausse ignorance où l'on nous fait vivre et que nous contribuons nous-même à maintenir. Pour assurer notre repos, la sollicitude de nos dirigeants va jusqu'à miner sourdement la liberté d'expression : on cache la vérité ou bien on la tamise. Quand les « fellagha » massacrent une famille européenne, la grande presse ne nous épargne rien, pas même les photos des corps mutilés : mais lorsqu'un avocat musul-man, contre ses bourreaux français, ne trouve d'autre recours que le suicide, on signale le fait en trois lignes pour ménager notre sensibilité. Cacher, tromper, mentir : c'est un devoir pour les informateurs de la Métropole; le seul crime serait de nous *troubler*. On l'a bien fait voir à M. Peyrega : personne, en Algérie, ne songe à nier les événements qu'il rapporte; on lui reproche simplement de nous les avoir rapportés. Nous sommes français, des soldats français mas-sacrent au hasard dans les rues d'Alger sous les yeux aguerris de la population européenne : mais cela n'est pas notre affaire. La vérité d'Afrique est un vin trop fort pour nos tendres cervelles : qu'arriverait-il aux colons si la Métro-pole se saoulait? Du calme, voilà ce qu'il nous faut, une cure de repos, quelques distractions : depuis la mort de Louis XVI, tout bon Français est orphelin; le gouvernement Mollet connaît et partage le deuil inconsolable de notre bourgeoi-sie : ne reculant devant aucun sacrifice, il a, pendant trois jours, mis la reine d'Angleterre sur le trône de France. Quelles délices! Quels ravissements! Les gens se parlaient sans se connaître, ils se prenaient par la main et dansaient la farandole. En Algérie, pourtant, des hommes tenaces continuaient leur *job* : pas de jours fériés pour les bourreaux; la radio leur apportait par bouffées nos soupirs d'extase et ils se disaient : « Maintenant qu'ils l'ont, leur reine, ils vont peut-être nous foutre la paix. » La reine est partie, elle se repose à Windsor; bouleversée d'amour, la France s'est alitée; le Gouvernement marche sur la pointe des pieds : « *Ne troublez pas* son sommeil. » Si pourtant quelqu'un d'entre nous ouvre l'œil et s'il interroge ses infirmiers, vite, on recourt à un autre subterfuge : en un tour de main on fabrique une commission de sauvegarde qui n'a pas d'autre office que de nous délester de nos responsabilités. « Des abus? Un ou deux, peut-être. A la guerre, il y en a toujours. Mais de quoi vous souciez-vous? Vous êtes loin d'Alger, vous ne connaissez pas la question, faites confiance à la Commission de Sauvegarde. Nous la composerons de braves gens, spécialistes du scrupule. Donnez-leur vos inquiétudes, ils les emporteront sur les lieux. Et dormez. »

Si seulement nous pouvions dormir, tout ignorer! Si nous étions séparés de l'Algérie par un mur de silence! Si l'on nous trompait *vraiment!* L'étranger pourrait mettre en doute notre intelligence mais non pas notre candeur.

Nous ne sommes pas candides, nous sommes sales. Nos consciences n'ont pas été troublées et pourtant elles sont troubles. Nos dirigeants le savent bien; c'est comme cela qu'ils nous aiment: ce qu'ils veulent obtenir par leurs soins attentifs et leurs ménagements si publiés, c'est, sous le couvert d'une ignorance truquée, notre complicité. Les tortures, *tout le monde* en a entendu parler, quelque chose en a filtré malgré tout dans la grande presse, des journaux honnêtes mais de moindre tirage ont publié des témoignages, des brochures circulent, des soldats reviennent et parlent. Mais c'est cela justement qui sert les démoralisateurs : car tout s'égare ou s'émousse dans l'épaisseur sociale, il faut frayer des chemins aux nouvelles colportées et puis le chemin tourne court et les nouvelles meurent. Ces journaux, ces brochures, la plupart des Français ne les ont pas lus, ne peuvent pas les lire : ils connaissent des gens qui les lisent; beaucoup d'entre nous n'ont jamais entendu le témoignage d'un rappelé, *on* leur a rapporté ce que certains militaires disaient. Transmis de bouche à oreille, officiellement démentis, ces témoignages lointains subissent en circulant une déperdition progressive de crédit. C'est ici que nous attend « l'entreprise » : hélas, c'est ici que nous nous attendons nous-même. Pourquoi donc croirions-nous à ces racontars? Où sont les documents? Où sont les témoins? Ceux qui se déclarent convaincus, c'est qu'ils l'étaient d'avance. Bien sûr, on ne peut pas non plus rejeter *a priori* la possibilité... Mais il faut attendre, ne pas juger avant de s'être vraiment informé. Donc on ne juge pas. Mais on ne s'informe pas non plus : dès qu'on tente de se procurer les pièces du procès, notre claire société se change en forêt vierge : on entend vaguement, très loin, le bruit du tam-tam et l'on tourne en rond quand on veut s'en rapprocher. Et puis nous avons bien assez, n'est-ce pas, de nos ennuis personnels sans nous coller ceux des

autres sur les bras. Celui qui a travaillé toute
la journée et qui a subi, au bureau, les mille
petites agressions de la vie quotidienne, il ne
faut pas lui demander de passer la soirée à
recueillir des informations sur les Arabes.
Et voilà le premier de nos mensonges. Les
démoralisateurs n'ont plus qu'à se croiser les
bras : nous achèverons le travail nous-même.
Les soucis pratiques ont bon dos : ils n'ont
jamais empêché personne de lire le journal après
le dîner; on se distrait du particulier en jugeant
l'universel, on oublie les colères rentrées l'après-
midi en versant de douces larmes ou en s'abandonnant aux indignations digestives. Les journaux nous font la cour : ils veulent nous faire
croire que nous sommes bons. Quand la radio
ou la télévision nous demandent une pièce de
cent sous, elles intitulent leurs émissions : « Vous
êtes formidables »; voilà de quoi nous faire courir à minuit de la porte de Saint-Ouen à la porte
d'Italie. Mais nous ne sommes pas formidables.
Pas plus que nous ne sommes candides : la communauté illusoire des honnêtes gens, c'est tout
simplement celle des lecteurs de *France-Soir*. Si
nous refusons de faire nous-même l'enquête sur
la vérité française, quand nous sommes capables
d'empiler nos vieux matelas sur la 4 CV et d'aller les jeter aux pieds de quelque Jean Nohain,
c'est que nous avons peur. Peur de voir nu notre
vrai visage. Le mensonge est là — et l'excuse
du mensonge : oui, nous manquons de preuves,
donc nous ne pouvons rien *croire*; mais nous ne
les cherchons pas, ces preuves, parce que, *malgré nous, nous savons*. Qu'est-ce qu'ils demandaient, les démoralisateurs? Cela et rien d'autre :
une ignorance bien excusable et de plus en plus

impardonnable qui nous avilisse progressivement
et nous rapproche chaque jour de ceux que nous
devrions condamner. Quand nous leur ressem-
blerons tout à fait, nous crierons « Tous les
hommes sont frères! » et nous nous jetterons
dans leurs bras.
Notre deuxième mensonge, on nous l'a déjà
préparé. Le piège, c'est la Commission de Sauvegarde. Si seulement nous pouvions lui faire
confiance! Mais, quand nous le voudrions, où
prendrions-nous la jobardise nécessaire? Une
commission, quand les crimes et les massacres
se multiplient à travers toute l'Algérie? Qui l'in-
formera à Alger de ce qui se passe en Kabylie?
Et qui la consultera? A propos de quoi? Va-t-elle
rappeler solennellement les droits de l'homme?
Tout le monde les connaît, y compris M. Lacoste. Il s'agit de les faire reconnaître : comment veut-on qu'elle y parvienne? Si le ministre
résidant ne peut pas mettre fin aux illégalités,
croit-on lui en donner le moyen en le flanquant
de quelques conseillers? S'il peut et veut réprimer les abus, qu'a-t-il besoin d'eux? Et s'il ne
le veut pas, pourquoi prendrait-il leurs conseils?
Mais quoi! Le Gouvernement a fait un geste,
M. Mollet s'est déclaré « bouleversé », il dit qu'il
veut toute la lumière. Nous y croyons et nous
sommes excusables : la parole humaine est faite
pour être crue; nous n'y croyons pas et nous
sommes plus excusables encore : la parole de
M. Mollet est faite pour être mise en doute.
Nous savons que la Commission sera composée
d'hommes irréprochables, nous savons aussi
qu'elle ne pourra rien faire : leur honnêteté nous
sert à nous masquer son impuissance. Ainsi nous
refusons notre confiance au Gouvernement et

pourtant nous comptons sur lui pour dissiper
notre méfiance.

Coupables. Deux fois coupables. Déjà nous
nous sentons la proie d'un malaise confus. Ce
n'est pas encore l'horreur mais c'est le pressentiment que l'horreur existe, toute proche, d'autant plus menaçante que nous ne pouvons ni
ne voulons la regarder en face. Et puis, tout
d'un coup, des fulgurations qui crèvent les yeux :
« Si c'était vrai? » A part ça, toujours formidables : mais déjà suspects. Oui, chacun de nous
trouve le voisin suspect et craint d'être suspect
au voisin. Sur la solution du problème algérien,
des amis pouvaient différer d'avis sans cesser
de s'estimer. Mais les exécutions sommaires?
Mais la torture? Peut-on garder de l'amitié pour
celui qui les approuverait? Chacun se tait, chacun regarde son voisin qui se tait, chacun se
demande : « Que sait-il? Que croit-il? Qu'a-t-il
décidé d'oublier? » Sauf entre gens « du même
bord », on craint de parler. Si j'allais découvrir
une complaisance criminelle en l'homme qui
vient de me serrer la main : il ne dit rien, cet
homme; qui ne dit rien consent. Mais je ne dis
rien non plus, moi. Si c'était lui, au contraire,
qui me reprochait ma veulerie? La méfiance nous
enseigne une solitude nouvelle : nous sommes
séparés de nos compatriotes par la crainte d'avoir
à mépriser ou d'être méprisés. C'est une même
chose, d'ailleurs, puisque nous sommes tous pa-
reils et l'on a peur d'interroger les gens parce
que leur réponse risque de révéler notre dégradation. Si l'un d'eux, par exemple, sans violence,
pour se débarrasser au plus vite de son angoisse,
nous dit entre ses dents : « Et les fellagha, dites
donc, ils n'en ont pas commis, des atrocités? »

nous comprenons d'un coup que la peur, le refus, le silence nous ont fait retomber aux temps barbares du talion. En un mot, les Français ont mauvaise conscience — à l'exception peut-être de M. Mollet. Et c'est elle qui nous fait coupables : les déchirures de notre esprit, le jeu de cache-cache que nous jouons en nous-mêmes, ces lampes que nous mettons en veilleuse, cette mauvaise foi douloureuse, n'y voyons pas notre salut mais la marque d'une désagrégation profonde. Nous coulons. Déjà nous enrageons de nous savoir jugés et notre colère nous enfonce davantage dans la complicité : « L'Amérique n'a pas le droit de parler! Si nous traitions nos Noirs comme elle traite les siens!... » C'est vrai. L'Amérique n'a pas *le droit* de parler. Ni la Suède, qui n'a pas de colonies. Personne n'a le droit de parler : mais nous, nous en avons le devoir. Or, nous ne parlons pas. Il y a des informateurs honnêtes, courageux, qui disent ce qu'ils savent, chaque jour ou chaque semaine : on veut les ruiner ou les mettre en prison et leur audience ne s'étend pas. Mais que sont devenues les grandes voix vertueuses qui vibrèrent comme des orgues en novembre dernier? Ah! c'est que nous étions *encore* formidables, à l'époque : nous puisions dans notre innocence des accents indignés pour condamner — *à juste titre* — l'intervention soviétique en Hongrie. Mais ne preniez-vous pas, grandes voix, dans votre tonnerre sublime, l'engagement de *tout* nous dire *aussi* sur *nous*? Car vous savez, vous. Vous n'avez pas même l'excuse de l'ignorance. Les documents, les témoignages, vous les connaissez. C'est nous, aujourd'hui, qui sommes en cause, c'est nous qui avons besoin de savoir, de croire. C'est nous

que vous pouvez débarrasser de nos cauchemars
et sauver de la honte. Vous vous taisez, c'est un
mauvais calcul : craignez qu'on ne vous juge sur
votre silence d'aujourd'hui plutôt que sur vos
fracas de novembre. Pourquoi? Parce que la boucle est en train
de se boucler, parce que nous allons être coincés
dans un piège abominable et, pour notre malheur, dans une attitude que nous avons nous-
même condamnée. Fausse candeur, fuite, mauvaise foi, solitude, mutisme, complicité refusée
et, tout ensemble, acceptée, c'est cela que nous
avons appelé, en 1945, la responsabilité collective. Il ne fallait pas, à l'époque, que la population allemande prétendît avoir ignoré les camps.
« Allons donc! disions-nous. Ils savaient tout! »
Nous avions raison, ils savaient tout et c'est
aujourd'hui seulement que nous pouvons le
comprendre : car nous aussi nous savons tout.
La plupart n'avaient jamais vu Dachau ni Bu-
chenwald, mais ils connaissaient des gens qui
en connaissaient d'autres qui avaient aperçu les
barbelés ou consulté dans un ministère des fiches
confidentielles. Ils pensaient comme nous que
ces informations n'étaient pas sûres, ils se taisaient, ils se méfiaient les uns des autres. Oserons-nous encore les condamner? Oserons-nous
encore nous absoudre? Combien faudra-t-il déposer de matelas sur la place de la Concorde pour
faire oublier au monde qu'on torture des enfants
en notre nom et que nous nous taisons?
Il est encore temps de faire échouer les entre-
preneurs de démolition nationale, il est encore
possible de briser le cercle infernal de cette responsabilité irresponsable, de cette coupable innocence et de cette ignorance qui est savoir : regar-

dons la vérité, elle mettra chacun de nous en demeure ou de condamner publiquement les crimes accomplis ou de les endosser en pleine connaissance de cause. C'est pour cela que j'ai cru nécessaire de signaler au public la brochure des rappelés. Voilà l'évidence, voilà l'horreur, la *nôtre* : nous ne pourrons pas la voir sans l'arracher de nous et l'écraser.

Les Temps Modernes, n° *135, mai 1957*.

« NOUS SOMMES
TOUS DES ASSASSINS »

En novembre 1956, Fernand Yveton, membre des Combattants de la Libération, dépose une bombe dans les locaux de la Centrale électrique de Hamma. Tentative de sabotage qu'on ne peut sous aucun prétexte assimiler à un acte de terrorisme : l'expertise a prouvé qu'il s'agissait d'un engin à mécanisme d'horlogerie, minutieusement réglé pour que l'explosion ne puisse pas se produire avant le départ du personnel. Rien n'y a fait : Yveton est pris, on le condamne à la peine capitale, on refuse de le gracier, on l'exécute. Pas la moindre hésitation : cet homme a déclaré et prouvé qu'il ne voulait la mort de personne, mais nous, nous avons voulu la sienne et nous l'avons obtenue sans défaillance. Il fallait intimider, n'est-ce pas? et, comme l'a dit l'autre jour un imbécile, « montrer le visage terrible de la France irritée ». Comme il faut être pur et sûr de sa pureté pour oser rendre cette Justice d'Archange! Et quand on leur concéderait un instant que cette guerre absurde ait un sens, ne voit-on pas ce que les militaires et les civils français devraient exiger d'eux-mêmes, s'ils espéraient justifier l'atroce rigueur de cette condamnation?

Un peu plus tard vient le procès des « complices », de Jacqueline et d'Abdelkader Guerroudj. Lui, c'est un responsable *politique* qui assurait les liaisons entre les combattants de la Libération et la direction du F. L. N. Elle, c'est une petite bourgeoise de la « Métropole » qui a voulu prendre sa part des risques parce qu'elle approuvait l'entreprise de son mari. Elle entre dans le Mouvement bien après lui et ses chefs directs la chargent, en novembre 1956, de remettre à Yveton les instruments de son futur sabotage. Elle obéit parce qu'on lui a garanti que l'explosion ne coûterait aucune vie humaine.

Pour ceux qui connaissent la logique des tribunaux militaires, la sentence n'était pas douteuse : puisqu'on avait tué Yveton et puisque les époux Guerroudj étaient ses complices, il fallait se déjuger ou les tuer aussi. Ces prévisions ont été confirmées depuis : le commissaire du Gouvernement demanda la tête des inculpés, presque négligemment. Il l'obtint. La complicité de Guerroudj dans l'affaire Yveton n'a pas été établie? Et après? A Alger, notre justice aime mieux étonner le monde par la sévérité de ses sentences que par la qualité des preuves qui les étayent.

Poussera-t-on la logique jusqu'à exécuter les Guerroudj, jusqu'à refuser la grâce présidentielle? S'il était permis d'adresser la parole au plus haut fonctionnaire de la quatrième République, je lui ferais respectueusement observer que nous ne sommes plus aux beaux temps de 1956. Depuis le procès Guerroudj, un incident a eu lieu, une simple anicroche, bien sûr, mais qui ne devrait pas rester tout à fait sans incidence sur notre manière de rendre la justice, surtout la justice militaire : Sakiet. Il y a eu des bombes à Sakiet; comme à la Centrale de Hamma. Seulement, elles n'étaient pas à retardement. Et les responsables n'avaient pas eu la sottise de borner l'opération à une simple détérioration de matériel. Pour Sakiet *aussi*, l'heure de l'opération avait été minutieusement choisie : c'était celle du marché. Yveton, il est vrai, n'avait d'autre objectif que de plonger une ville dans la nuit. L'objectif de nos avions, c'était de plonger un village dans la mort. Si nous avions voulu conserver notre rigueur d'Archange, il aurait peut-être fallu chercher les coupables et — qui sait? — les juger. Mais non : M. Gaillard a « couvert »! De quel voile épais ou de quelle brume impénétrable a-t-il espéré *couvrir* les ruines de Sakiet, je l'ignore. Mais l'opération n'a pas réussi : les pierres fumant au soleil, le monde entier les voit. Seulement M. Gaillard, c'est nous, c'est la France : quand il a, du haut de sa tribune, fait très officiellement le geste auguste du couvreur, il nous a tous mis dans le bain; nos amis étrangers — comme leur presse se fait un plaisir de nous l'expliquer chaque jour — commencent à se demander très sérieusement si nous ne sommes pas devenus des chiens enragés. Et voici la question qu'on pourrait humblement poser au premier fonctionnaire de notre grande République : Est-ce qu'il est tout à fait opportun d'exécuter les époux Guerroudj? est-ce que nous n'aurions pas intérêt à nous relâcher un peu de notre superbe sévérité? Un pays dont le Gouvernement reprend fièrement à son compte ce que M. Mauriac appelait si bien, l'autre jour, un massacre de pauvres, est-il vraiment qualifié pour que ses représentants appliquent en son nom la peine de mort à un homme qui n'avait d'autre rôle que d'assurer les liaisons politiques entre les groupes d'origine communiste et le F. L. N., à une femme qui, participant à une entreprise de sabotage, a pris toutes les précautions nécessaires pour que l'opération ne fasse ni morts ni blessés? Il faut le répéter chaque jour aux imbéciles qui souhaitent épouvanter l'univers en lui montrant « le visage terrible de la France » : la France n'épouvante personne, elle n'a même plus les moyens d'intimider, elle commence à faire horreur, c'est tout. Dans l'exécution des Guerroudj, si jamais elle devait avoir lieu, personne ne verrait ni n'admirerait notre inflexibilité d'Archange, on penserait tout simplement que nous avons commis un crime de plus.

Les Temps Modernes, n° *145, mars 1958.*

UNE VICTOIRE

En 1943, rue Lauriston, des Français criaient d'angoisse et de douleur; la France entière les entendait. L'issue de la guerre n'était pas certaine et nous ne voulions pas penser à l'avenir; une seule chose nous paraissait en tout cas impossible : qu'on pût faire crier un jour des hommes en notre nom. Impossible n'est pas français : en 1958, à Alger, on torture régulièrement, systématiquement, tout le monde le sait, de M. Lacoste aux cultivateurs de l'Aveyron, personne n'en parle. Ou presque : des filets de voix s'effilochent dans le silence. La France n'était guère plus muette sous l'Occupation : encore avait-elle l'excuse de porter un bâillon. A l'étranger, on a déjà conclu : nous n'avons pas cessé de nous dégrader. Depuis 1939, selon les uns; selon les autres, depuis 1918. C'est vite dit : je ne crois pas si facilement à la dégradation d'un peuple; je crois à ses marasmes et à ses stupeurs. Pendant la guerre, quand la radio anglaise ou la presse clandestine nous avaient parlé d'Oradour, nous regardions les soldats allemands qui se promenaient dans les rues d'un air inoffensif et nous nous disions parfois : « Ce sont pourtant des hommes qui nous ressemblent. Comment peuvent-ils faire ce qu'ils font? » Et nous étions fiers de nous parce que nous ne comprenions pas.

Aujourd'hui, nous savons qu'il n'y a rien à comprendre : tout s'est fait insensiblement par d'imperceptibles abandons, et puis, quand nous avons levé la tête, nous avons vu dans la glace un visage étranger, haïssable : le nôtre.

Plongés dans la stupeur, les Français découvrent cette évidence terrible : si rien ne protège une nation contre elle-même, ni son passé, ni ses fidélités, ni ses propres lois, s'il suffit de quinze ans pour changer en bourreaux les victimes, c'est que l'occasion décide seule : selon l'occasion, n'importe qui, n'importe quand, deviendra victime ou bourreau.

Heureux ceux qui sont morts sans avoir jamais eu à se demander : « Si l'on m'arrache les ongles, parlerai-je? » Mais plus heureux encore ceux qui n'ont pas été contraints, à peine quittée l'enfance, de se poser l'*autre* question : « Si mes amis, si mes frères d'armes, si mes chefs arrachent devant moi les ongles d'un ennemi, que ferai-je? »

Les jeunes gens que les circonstances mettent au pied du mur, que savent-ils d'eux-mêmes? Les résolutions qu'ils prennent ici, ils devinent qu'elles leur paraîtront abstraites et vides, le jour venu, qu'ils seront remis en question tout entiers par une situation imprévisible et qu'il leur faudra décider là-bas, seuls, de la France et d'eux-mêmes. Ils partent; d'autres reviennent, qui ont mesuré leur impuissance et dont la plupart gardent un silence rancuneux. La peur naît : peur des autres, peur de soi; elle gagne tous les milieux. Victime et bourreau ne font plus qu'une

seule image : et c'est notre image. Dans les cas
extrêmes, en effet, la seule façon de refuser l'un
des deux rôles, c'est de revendiquer l'autre.

Ce choix ne s'impose pas — ou pas encore —
aux Français de France; mais cette indétermi-
nation nous pèse : à cause d'elle nous sommes
« la plaie et le couteau » : l'horreur d'être celui-ci,
la peur de devenir celle-là se commandent et
se renforcent mutuellement. Des souvenirs se
réveillent; il y a quinze ans, les meilleurs Résis-
tants craignaient moins de souffrir que de céder
à la souffrance; ils disaient : Quand elle se tait,
la victime sauve tout; quand elle parle, personne
n'a le droit de la juger, pas même ceux qui n'ont
pas parlé ; mais elle s'accouple avec son bourreau, c'est sa femme, et ce couple enlacé s'abîme
dans la nuit de l'abjection. La nuit de l'abjection est revenue : à El Biar, elle revient toutes
les nuits; en France, c'est la suie de nos cœurs.
Justement, une propagande chuchotée nous
laisse entendre que « tout le monde parle » :
voilà les tortures justifiées par l'ignominie humaine; puisque chacun de nous est un traître
en puissance, le bourreau qui est en chacun
aurait tort de se gêner. D'autant que la grandeur de la France l'exige : des voix doucereuses
nous l'expliquent chaque jour. Et qu'un bon
patriote doit avoir la conscience bonne. Et qu'il
faut être défaitiste pour l'avoir mauvaise.

Du coup, la stupeur tourne au désespoir : si
le patriotisme doit nous précipiter dans l'abjection, si nul garde-fou, nulle part, n'empêche à
nul moment ni les nations, ni l'humanité entière
de verser dans l'inhumain, alors, en effet, pourquoi prendrions-nous tant de peine pour devenir
ou pour rester des hommes ? c'est l'inhumain

qui est notre vérité. Mais si rien d'autre n'est vrai, s'il faut terroriser ou mourir de terreur, pourquoi prendrions-nous la peine de vivre et de rester patriotes?

Ces pensées, on les a mises en nous de force; obscures et fausses, elles découlent toutes de ce même principe : l'homme est inhumain. Leur but : nous convaincre de notre impuissance. Elles y parviennent, tant qu'on ne les regarde pas en face. Il faut qu'on le sache à l'étranger : notre silence n'est pas un assentiment; il vient de cauchemars provoqués, entretenus et dirigés. Je le savais déjà, mais j'en attendais depuis longtemps une preuve décisive.

La voici.

Il y a quinze jours environ, un livre paraissait aux Éditions de Minuit : *La Question*. Son auteur, Henri Alleg, détenu, aujourd'hui encore, dans une prison d'Alger, raconte, sans commentaires inutiles, avec une admirable précision, les « interrogatoires » qu'il a subis. Les bourreaux, comme ils le lui avaient promis eux-mêmes, l'ont « soigné » : téléphone de campagne, supplice de l'eau, comme au temps de la Brinvilliers, mais avec les perfectionnements techniques qui s'imposent à notre époque, supplice du feu, de la soif, etc. Un livre à déconseiller aux âmes sensibles. Or, la première édition — vingt mille — est déjà épuisée; en dépit d'un second tirage fait à la hâte, on ne peut pas satisfaire à la demande : certains libraires vendent cinquante à cent exemplaires par jour.

Jusqu'ici, ceux qui osaient porter témoignage, c'étaient des rappelés, des prêtres surtout; ils avaient vécu au milieu des tortionnaires, leurs frères, nos frères; des victimes, ils ne connaissaient le plus souvent que les cris, les blessures, les souffrances. Ils nous montraient des sadiques courbés sur des loques de chair. Et qu'est-ce qui nous distinguait de ces sadiques? Rien, puisque nous nous taisions : notre indignation nous paraissait sincère, mais l'aurions-nous gardée si nous avions vécu là-bas? N'aurait-elle pas fait place au dégoût universel, à une morne résignation? Pour ma part, je lisais par devoir, je publiais parfois et je détestais ces récits qui nous mettaient en cause impitoyablement et qui ne laissaient pas un espoir.

Avec *La Question,* tout change : Alleg nous épargne le désespoir et la honte parce que c'est une victime et qui a vaincu la torture. Ce retournement ne va pas sans quelque humour sinistre; c'est en notre nom qu'on l'a martyrisé et nous, à cause de lui, nous retrouvons enfin un peu de notre fierté : nous sommes fiers qu'il soit français. Les lecteurs s'incarnent en lui passionnément, ils l'accompagnent jusqu'à l'extrême de la souffrance; avec lui, seuls et nus, ils tiennent le coup. En seraient-ils, en serions-nous capables *pour de vrai?* C'est une autre affaire. Ce qui compte, c'est que la victime nous délivre en nous faisant découvrir, comme elle le découvre elle-même, que nous avons le pouvoir et le devoir de tout supporter.

Nous nous fascinions sur le gouffre de l'inhumain; mais il suffit d'un homme dur et têtu, obstiné à faire son métier d'homme, pour nous arracher au vertige : la « question » n'est pas inhumaine; c'est tout simplement un crime ignoble et crapuleux, commis par des hommes contre des hommes et que les autres hommes peuvent et doivent réprimer. L'inhumain n'existe

nulle part, sauf dans les cauchemars qu'engendre
la peur. Et justement le calme courage d'une
victime, sa modestie, sa lucidité nous réveillent
pour nous démystifier : Alleg vient d'arracher
la torture à la nuit qui la couvre; approchons-
nous, pour la regarder au grand jour.

Ces bourreaux d'abord, qu'est-ce que c'est?
Des sadiques? Des Archanges irrités? Des Seigneurs de la Guerre aux terrifiants caprices? S'il
fallait les en croire, ils seraient tout cela pêle-
mêle. Mais, justement, Alleg ne les croit pas. Ce
qui ressort des propos qu'il rapporte, c'est qu'ils
voudraient se convaincre et convaincre la victime de leur souveraineté plénière : tantôt ce
sont des surhommes qui tiennent des hommes
à leur merci et tantôt ce sont des hommes sévères
et forts qu'on a chargés de dresser la bête la plus
obscène, la plus féroce, la plus lâche, la bête
humaine. On devine qu'ils n'y regardent pas de
si près : l'essentiel est de faire sentir au prisonnier qu'il n'est pas de leur race : on le déshabille,
on le ligote, on le moque; des soldats vont et
viennent, proférant des insultes et des menaces
avec une nonchalance qui se veut terrible.

Mais Alleg nu, tremblant de froid, attaché à
une planche encore noire et gluante des vomissements anciens, réduit tous ces manèges à leur
pitoyable vérité : ce sont des comédies jouées
par des imbéciles. Comédie, la violence fasciste
de leurs propos, le serment d'aller « foutre en
l'air la République ». Comédie, la démarche de
« l'aide de camp du général M... », qui se termine
sur ces mots : « Il ne vous reste plus qu'à vous
suicider. » Comédies grossières, figées, qu'on
recommence sans conviction chaque nuit, pour
chaque prisonnier, et qu'on arrête très vite, faute

de temps. Car ces horribles travailleurs sont sur-
chargés de besogne. Surmenés : les prisonniers
font la queue devant la planche à supplices, on
attache, on détache, on promène les victimes
d'une chambre de torture à l'autre. A regarder
par les yeux d'Alleg cette ruche immonde, on
s'aperçoit que les tortionnaires sont débordés
par ce qu'ils font.

Il leur arrive, bien entendu, de jouer le calme,
de boire de la bière, très détendus, au-dessus
d'un corps martyrisé, et puis, d'un seul coup,
ils sautent sur leurs pieds, courent partout,
jurent, hurlent de rage; de grands nerveux qui
feraient d'excellentes victimes : à la première
« giclée », ils passeraient aux aveux.

Méchants, enragés, c'est sûr; sadiques, non;
même pas : ils sont trop pressés. C'est ce qui les
sauve, d'ailleurs : ils tiennent par vitesse acquise,
il leur faut courir sans cesse ou s'effondrer.

Pourtant, ils aiment le travail bien fait; s'ils
le jugent nécessaire, ils pousseront la conscience
professionnelle jusqu'à tuer. C'est ce qui frappe,
dans le récit d'Alleg : derrière ces chirurgiens
hagards et falots, on sent une inflexibilité qui
les dépasse et qui dépasse leurs chefs eux-mêmes.

Nous aurions trop de chance si ces crimes
étaient l'œuvre d'une poignée de furieux : en
vérité, la torture fait les bourreaux. Après tout,
ces soldats ne s'étaient pas engagés dans un corps
d'élite pour martyriser l'ennemi vaincu.

Alleg, en quelques traits, nous décrit ceux qu'il
a connus et cela suffit à marquer les étapes de
la métamorphose.

Il y a les plus jeunes, impuissants, boulever-
sés, qui murmurent : « C'est horrible », quand
leur torche électrique éclaire un supplicié; et

puis les aides-bourreaux, qui ne mettent pas encore la main à la pâte, qui soutiennent et transportent les prisonniers, certains endurcis, d'autres non, tous pris dans l'engrenage, tous inexcusables déjà.

Il y a ce blondin du Nord « à la figure si sympathique, qui peut parler des séances de tortures qu'(Alleg) a subies comme d'un match dont il se souviendrait et qui peut le féliciter sans gêne, comme il ferait pour un champion cycliste... » Quelques jours plus tard, Alleg le reverra « congestionné, défiguré par la haine, battre dans l'escalier un Musulman... ». Et puis les spécialistes, les durs qui font toute la besogne, qui se plaisent aux soubresauts d'un électrocuté, mais qui ne supportent pas de l'entendre crier; et puis les fous qui tournent en rond comme une feuille morte dans le tourbillon de leur propre violence.

Aucun de ces hommes n'existe par lui-même, aucun ne restera tel qu'il est : ils figurent les moments d'une transformation inexorable. Entre les meilleurs et les pires, une seule différence : ceux-là sont des bleus et ceux-ci. des anciens. Tous, ils finiront par s'en aller et, si la guerre continue, d'autres les remplaceront, des blondins du Nord ou de petits bruns du Midi, qui feront le même apprentissage et retrouveront la même violence avec la même nervosité.

En cette affaire, les individus ne comptent pas : une sorte de haine errante, anonyme, une haine radicale de l'homme s'acharne à la fois sur les bourreaux et les victimes pour les dégrader ensemble et les uns par les autres. La torture est cette haine, érigée en système et se créant ses propres instruments.

Quand on dit cela, bien timidement, à l'Assemblée, la meute se déchaîne : « Vous insultez l'Armée! » Il faut le demander une bonne fois à ces roquets : Qu'est-ce que l'Armée vient foutre ici? On torture *dans l'Armée*, c'est certain : la Commission de Sauvegarde, dans un rapport pourtant bénin, n'a pas cru devoir le cacher. Et après? Est-ce *l'Armée* qui torture?

Quelle sottise! Croit-on que les civils ignorent les bonnes méthodes : s'il ne s'agit que de cela, faisons confiance à la police d'Alger. Et puis, s'il faut un bourreau en chef, l'Assemblée tout entière l'a désigné : ce n'est pas le général S..., encore moins le général E..., pas même le général M..., pourtant nommé par Alleg : c'est M. Lacoste, l'homme aux pleins pouvoirs. Tout se fait à travers lui, par lui, à Bône comme à Oran : tous les hommes qui sont morts de souffrance et d'horreur dans l'immeuble d'El Biar, dans la villa S..., ils sont morts par sa volonté. Ce n'est pas moi qui le dis : ce sont les députés, c'est le Gouvernement. Et d'ailleurs la gangrène s'étend, elle a traversé la mer : le bruit a même couru qu'on mettait à la question dans certaines prisons civiles de la « Métropole » ; je ne sais s'il était fondé, mais il faut que sa persistance ait ému les pouvoirs publics, puisque le procureur, au procès de Ben Saddok, a demandé solennellement à l'accusé s'il avait subi des sévices; bien entendu, la réponse était connue d'avance.

Non, la torture n'est ni civile, ni militaire, ni spécifiquement française : c'est une vérole qui ravage l'époque entière. A l'Est comme à l'Ouest il y a eu des bourreaux : il n'y a pas si longtemps que Farkas torturait les Hongrois; et les Polonais ne cachent pas que leur police, avant Poznan, recourait volontiers à la question; sur ce qui se passait en U. R. S. S., du vivant de Staline, le rapport Khrouchtchev est un témoignage irrécusable; hier on « questionnait », dans les prisons de Nasser, des hommes politiques qu'on a élevés depuis, avec quelques balafres, à des postes éminents. J'en passe : aujourd'hui, c'est Chypre et c'est l'Algérie; en somme, Hitler n'était qu'un précurseur.

Désavouée — parfois bien mollement — mais systématiquement appliquée derrière la façade de la légalité démocratique, la torture peut se définir comme une institution semi-clandestine. A-t-elle les mêmes causes partout? Non, sans doute : mais elle traduit partout le même malaise. Peu importe, d'ailleurs : et nous n'avons pas à juger le siècle. Balayons devant notre porte et tâchons de comprendre ce qui nous est arrivé *à nous*, les Français.

Vous savez ce qu'on dit parfois pour justifier les bourreaux : qu'il faut bien se résoudre à tourmenter un homme si ses aveux permettent d'épargner des centaines de vies. Belle tartuferie. Alleg, pas plus qu'Audin, n'était un terroriste; la preuve, c'est qu'il est inculpé « d'atteinte à la sûreté de l'État et de reconstitution de ligue dissoute ».

Était-ce pour sauver des vies qu'on lui brûlait les seins, les poils du sexe? Non : on voulait lui extorquer l'adresse du camarade qui l'avait hébergé. S'il eût parlé, on eût mis un communiste de plus sous les verrous : voilà tout.

Et puis l'on arrête au hasard; tout Musulman est « questionnable » à merci : la plupart des torturés ne disent rien parce qu'ils n'ont rien à dire, à moins qu'ils ne consentent, pour ne plus souffrir, à faire un faux témoignage ou à s'accuser gratuitement d'un crime impuni dont il paraît opportun de les charger. Quant à ceux qui pourraient parler, on sait bien qu'ils se taisent. Tous ou presque tous. Ni Audin, ni Alleg, ni Guerroudj n'ont desserré les dents. Sur ce point, les tortionnaires d'El Biar sont mieux renseignés que nous. L'un constate après le premier interrogatoire d'Alleg : « Il a quand même gagné une nuit pour donner à ses copains le temps de se tirer. » Et un officier, quelques jours plus tard : « Depuis dix ans, quinze ans, ils ont dans la tête que s'ils sont pris, il ne faut rien dire : et il n'y a rien à faire pour leur enlever ça de là. »

Peut-être ne voulait-il parler que des communistes : mais croit-on qu'un combattant de l'A. L. N. soit d'une autre trempe? Ces violences sont d'un mauvais rendement : les Allemands eux-mêmes, en 1944, avaient fini par s'en convaincre : elles coûtent des vies humaines et n'en épargnent pas.

Et pourtant l'argument n'est pas tout à fait faux : en tout cas, il nous éclaire sur la fonction des tortures : la *question*, institution clandestine ou semi-clandestine, est indissolublement liée à la clandestinité de la résistance ou de l'opposition.

En Algérie, notre armée s'est déployée sur tout le territoire : nous avons le nombre, l'argent, les armes; les insurgés n'ont rien, sauf la confiance et le soutien d'une grande partie de la population : nous avons défini, en dépit de nous-mêmes, les principaux traits de cette guerre populaire; attentats dans les villes, embuscades dans la campagne : le F. L. N. n'a pas choisi ces activités; il fait ce qu'il peut faire, c'est tout; le rapport de ses forces aux nôtres l'oblige à nous attaquer par surprise : invisible, insaisissable, inattendu, il faut qu'il frappe et disparaisse, sous peine d'être exterminé. De là vient notre malaise : nous luttons contre un adversaire, secret; une main jette une bombe dans une rue, un coup de fusil blesse un de nos soldats sur la route; on accourt : il n'y a personne; on trouvera plus tard, dans les environs, des Musulmans qui n'ont rien vu. Tout s'enchaîne, la guerre populaire, guerre des pauvres contre les riches, se caractérise par l'étroite liaison des unités insurrectionnelles avec la population; du coup, pour l'Armée régulière et les pouvoirs civils, cette nuée de misérables devient l'ennemi quotidien, innombrable. Les troupes d'occupation s'inquiètent d'un mutisme qu'elles ont elles-mêmes engendré; on devine une insaisissable volonté de silence, un secret tournant, omniprésent; les riches se sentent traqués au milieu des pauvres qui se taisent; embarrassées de leur propre puissance, les « forces de l'ordre » ne peuvent rien opposer aux guérillas, sinon le ratissage et les expéditions de représailles, rien au terrorisme, sinon la terreur. Quelque chose est caché : en tout lieu et par tous; il faut *faire parler.*

La torture est une vaine furie, née de la peur : on veut arracher *d'un* gosier, au milieu des cris et des vomissements de sang, le secret de *tous.* Inutile violence : que la victime parle ou qu'elle meure sous les coups, l'innombrable secret est ailleurs, toujours ailleurs, hors de portée, le bourreau se change en Sisyphe : s'il applique la question, il lui faudra recommencer toujours.

Même ce silence, pourtant, même cette peur, même ces dangers toujours invisibles et toujours présents ne peuvent expliquer tout à fait l'acharnement des bourreaux, leur volonté de réduire à l'abjection leurs victimes et finalement cette haine de l'homme qui s'est emparée d'eux sans leur consentement et qui les a façonnés.

Qu'on s'entretue, c'est la règle : on s'est toujours battu pour des intérêts collectifs ou particuliers. Mais, dans la torture, cet étrange match, l'enjeu semble radical : c'est pour le titre d'homme que le tortionnaire se mesure avec le torturé et tout se passe comme s'ils ne pouvaient appartenir ensemble à l'espèce humaine.

Le but de la question n'est pas seulement de contraindre à parler, à trahir : il faut que la victime se désigne elle-même, par ses cris et par sa soumission, comme une bête humaine. Aux yeux de tous et à ses propres yeux. Il faut que sa trahison la brise et débarrasse à jamais d'elle. Celui qui cède à la question, on n'a pas seulement voulu le contraindre à parler; on lui a pour toujours imposé un statut : celui de sous-homme.

Cette radicalisation de l'enjeu est un trait de l'époque. C'est que l'homme est à faire. En aucun temps la volonté d'être libre n'a été plus consciente ni plus forte; en aucun temps, l'oppression plus violente ni mieux armée.

En Algérie, les contradictions sont irréductibles : chacun des groupes en conflit exige l'exclusion radicale de l'autre. Nous avons tout pris aux Musulmans et puis nous leur avons tout interdit jusqu'à l'usage de leur propre langue. Memmi a bien montré comment la colonisation se réalise par l'annulation des colonisés. Ils ne possédaient plus rien, ils *n'étaient plus personne* ; nous avons liquidé leur civilisation tout en leur refusant la nôtre. Ils avaient demandé l'intégration, l'assimilation et nous avons dit non : par quel miracle maintiendrait-on la surexploitation coloniale si les colonisés jouissaient des mêmes droits que les colons? Sous-alimentés, incultes, misérables, le système les refoulait impitoyablement aux confins du Sahara, aux limites de l'humain; sous la poussée démographique, leur niveau de vie baissait d'une année à l'autre. Quand le désespoir les a poussés à la révolte, il fallait qu'ils crèvent, ces sous-hommes, ou qu'ils affirment leur humanité contre nous : ils rejetèrent toutes nos valeurs, notre culture, nos prétendues supériorités, et ce fut tout un pour eux de revendiquer le titre d'homme et de refuser la nationalité française.

Cette rébellion ne se bornait pas à contester le pouvoir des colons; ils se sentirent mis en question dans leur existence même. Pour la plupart des Européens d'Algérie, il y a deux vérités complémentaires et inséparables : les colons sont des hommes de droit divin, les indigènes sont des sous-hommes. C'est la traduction mythique d'un fait exact, puisque la richesse des uns repose sur la misère des autres.

Ainsi l'exploitation met l'exploiteur dans la dépendance de l'exploité. Et, sur un autre plan, cette dépendance est au cœur du racisme, c'est sa contradiction profonde et son aigre malheur : être homme, pour l'Européen d'Alger, c'est *d'abord* être supérieur au Musulman.

Mais si le Musulman s'affirme à son tour comme un homme, comme l'égal du colon? Eh bien, le colon est entamé dans son être; il se

sent diminué, dévalorisé : l'accession des « bou-
gnoules » au monde humain, il n'en voit pas seulement les conséquences économiques, il l'abo-
mine parce qu'elle lui annonce sa déchéance
personnelle. Dans sa fureur, il lui arrive de rêver au
génocide. Mais c'est pure poésie. Il le sait, il connaît sa dépendance; que ferait-il sans un sous-
prolétariat indigène, sans une main-d'œuvre
excédentaire, sans un chômage chronique qui
lui permet d'imposer ses salaires? Et puis, si les
Musulmans sont *déjà* des hommes, tout est perdu,
il n'est même plus besoin de les exterminer.
Non : le plus urgent, s'il en est temps encore,
c'est de les humilier, de raser l'orgueil dans leur
cœur, de les ravaler au rang de la bête. On laissera vivre les corps, mais on tuera l'esprit.
Dompter, dresser, châtier, voilà les mots qui
l'obsèdent : il n'y a pas assez de place en Algérie
pour deux espèces humaines; entre l'une et
l'autre, il faut choisir.
    Et je ne prétends pas, bien entendu, que les
Européens d'Alger aient inventé la torture, ni
même qu'ils aient incité les autorités civiles et
militaires à la pratiquer; au contraire : la torture s'est imposée d'elle-même, elle était devenue routine avant même qu'on s'en fût avisé.
Mais la haine de l'homme qui s'y manifeste,
c'est le racisme qu'elle exprime. Car c'est bien
l'homme qu'on veut détruire, avec toutes ses
qualités d'homme, le courage, la volonté, l'intelligence, la fidélité — celles mêmes que le colon
revendique. Mais si l'Européen s'emporte jusqu'à
détester sa propre image, c'est qu'elle est reflé-
tée par un Arabe.
    Ainsi, de ces deux couples indissolubles, le
colon et le colonisé, le bourreau et sa victime, le

second n'est ici qu'une émanation du premier.
Et, sans aucun doute, les bourreaux ne sont pas
des colons, ni les colons des bourreaux. Ceux-ci
sont fréquemment des jeunes gens qui viennent
de France et qui ont vécu vingt ans de leur
vie sans s'être jamais souciés du problème algérien. Mais la haine était là un champ de forces
magnétiques : elles les a traversés, corrodés,
asservis.

Tout cela, c'est la calme lucidité d'Alleg qui
permet de le comprendre. Quand il n'apporterait
rien d'autre, il faudrait lui garder une reconnais-
sance profonde. Mais il a fait bien plus : en
intimidant ses bourreaux, il a fait triompher
l'humanisme des victimes et des colonisés contre
les violences déréglées de certains militaires,
contre le racisme des colons. Et que ce mot de
« victimes » n'aille pas évoquer je ne sais quel
humanisme larmoyant : au milieu de ces petits
caïds, fiers de leur jeunesse, de leur force, de leur
nombre, Alleg est le seul dur, le seul qui soit
vraiment fort. Nous autres, nous pouvons dire
qu'il a payé le prix le plus élevé pour le simple
droit de rester un homme parmi les hommes.
Mais il n'y pense même pas. C'est pour cela
qu'elle nous émeut si fort cette phrase sans
apprêts, à la fin d'un paragraphe :

« Je me sentais tout à coup fier et joyeux de
n'avoir pas cédé; j'étais convaincu que je tien-
drais encore le coup s'ils recommençaient : que
je me battrais jusqu'au bout, que je ne leur faci-
literais pas la tâche en me suicidant. »

Un dur, oui, et qui finit par faire peur aux
Archanges de la colère.

Dans certains de leurs propos, tout au moins,
on sent qu'ils pressentent et qu'ils tâchent de

conjurer une vague et scandaleuse révélation :
quand c'est la victime qui gagne, adieu la souveraineté, le droit du seigneur; les ailes archan-
géliques se figent et les gars se demandent,
embêtés : Et moi, tiendrais-je le coup si l'on me
torturait? C'est que, dans le moment de la victoire, un système de valeurs s'est substitué à
l'autre; il s'en faut d'un rien que les bourreaux
n'aient le vertige à leur tour. Mais non : leur
tête est vide et le travail les harasse et puis ils
croient à peine à ce qu'ils font.
    A quoi bon, d'ailleurs, troubler la conscience
des bourreaux? Si quelqu'un d'eux bronchait,
ses chefs le remplaceraient : un de perdu, dix de
trouvés. Le témoignage d'Alleg en effet — c'est
peut-être son plus grand mérite — achève de
dissiper nos illusions : non, il ne suffit pas de
punir ou de rééduquer quelques individus; non,
on n'humanisera pas la guerre d'Algérie. La torture s'y est établie d'elle-même : elle était proposée par les circonstances et requise par les
haines racistes; d'une certaine manière, nous
l'avons vu, elle est au cœur du conflit et c'est elle,
peut-être, qui en exprime la vérité la plus profonde. Si nous voulons mettre un terme à ces
immondes et mornes cruautés, sauver la France
de la honte et les Algériens de l'enfer, nous
n'avons qu'un moyen, toujours le même, le seul
que nous ayons jamais eu, le seul que nous aurons
jamais : ouvrir les négociations, faire la paix.

L'Express, n° *350, 6 mars 1958.*

« LE PRÉTENDANT »

Au début tout alla bien. Trop bien. Comme toujours. Antimilitariste et chauvine, la France adore la revue du 14-Juillet mais, depuis le général Boulanger, elle n'aime plus autant les soldats factieux. Il y eut ces cris sur le Forum d'Alger, que la radio lâchait par volées, on donna l'assaut au palais du gouverneur, on criait : « Vive Massu » dans les rues; à Paris, ce fut l'union. Les centrales syndicales décidèrent de résister en commun. On réchauffa le cœur de M. Pflimlin : le président du Conseil se jeta dans les cérémonies d'investiture avec l'angoisse connue de l'apprenti dictateur qui tente son coup d'État. Il trouva la force de chicaner sur les voix communistes : mais c'était par acquit de conscience. Bref, bonne soirée, bonne brise : et ce mélange délicieux d'espoir et d'inquiétude qu'on retrouve dans tous les commencements. Seulement, il y avait une embûche : nous n'avions pas tout vu.

Un grand homme honoraire, c'est dangereux pour une nation; même s'il s'est séquestré dans un village solitaire. S'il se tait, on entend son passé. Le général de Gaulle gardait depuis

longtemps le silence mais son passé restait parmi
nous. Seuls en face de Massu, de Salan, nous
pouvions tenir le coup. Mais on a pris nos
ministres à revers : tout d'un coup, comme ils
parlementaient avec les généraux, ils ont vu
s'étendre à leurs pieds et devant eux une ombre
interminable. Déjà sur l'autre rive, Salan criait :
« Vive de Gaulle » et tous les Algérois : « De
Gaulle au pouvoir. »

D'un seul coup, le temps se gâta : nous redé-
couvrîmes l'impitoyable logique des désastres;
quoi qu'on fasse, dans ces cas-là, tout profite à
l'ennemi. Le gouvernement, pour se sauver, pré-
parait sa perte : pour échapper à de Gaulle, il
se jetait dans les bras de Salan. La plupart des
ministres étaient convaincus qu'il fallait arrêter
au plus tôt les massacres d'Algérie; ils voulaient
le dire; certains, pour la première fois, l'avaient
dit. Mais, si Pflimlin voulait avoir une chance de
rester en place, il fallait battre de Gaulle par de
la surenchère. Il offrit vingt-sept mois de service militaire, 80 milliards d'impôts nouveaux,
des chatteries pour les généraux factieux. En
vain : les hommes d'Alger — tant civils que
soldats — ne voulaient pas de lui. Ni de son
argent : ils voulaient de Gaulle.

Pour se maintenir, l'équipe devint jusqu'au-
boutiste; le cœur brisé de M. Pflimlin sanglo-
tait dans tous les micros : « Dramatique erreur;
tragique malentendu. » Mais son bellicisme sup-
pliant était immédiatement disqualifié par le seul
silence de son successeur. Pour amener un sourire sur les lèvres de Salan, le Gouvernement se
perdait : on commencerait par remporter la victoire entière, par anéantir l'ennemi; on négocie-
rait ensuite. Salan ne se décidait pas mais, pen-

dant que le président du Conseil exhortait Alger
à la confiance, la gauche française se demandait
avec surprise ce qui le distinguait de Bidault et
par quelle aberration elle lui avait donné, de
toutes ses voix, les pouvoirs discrétionnaires dont
il annonçait déjà qu'il saurait les retourner contre
elle. Dans les moments crépusculaires — fréquents
dans notre histoire — qui précèdent les coups
d'État, quelque chose a toujours frappé les
observateurs : la confusion des sentiments et des
idées. De loin, on s'imagine qu'il y a quelques
groupes en lutte, les partisans du dictateur futur,
les défenseurs de l'ancien, et qu'ils se bagarrent
jusqu'à ce que ceux-ci aient été liquidés par
ceux-là. De près rien n'est plus décevant : tout
le monde hésite, tout le monde a peur, les factieux autant que le Gouvernement, tout le monde
est pour et contre tout le monde à la fois. On a
des ennemis si mortels qu'on préfère la servitude
ou la mort à leur alliance, même contre un ennemi
plus mortel encore mais plus neuf. Les coups
d'État sont grandement facilités quand chacun
se livre délibérément à l'ennemi plutôt que de
perdre une certaine chose qu'il place au-dessus de
tout, plutôt que d'en produire une certaine autre
qu'il déteste particulièrement. Finalement chacun se paralyse et paralyse chacun, le moins paralysé fait le coup d'État par hasard, en tremblant.

Chez nous, dès le troisième jour je compris
que les socialistes détestaient une chose au
monde plus que la servitude, la mort et l'abais-
sement du pays; c'était le Front Populaire. Le
premier jour, F. O., C. F. T. C., la C. G. T.
décidèrent de résister ensemble. Aussitôt ce ne
fut qu'un cri à l'Assemblée : « Il revient, le

voilà! » Le « spectre du Front Populaire » traîna
ses chaînes ce jour-là dans toutes les colonnes
du *Monde* terrorisé. C'est le lendemain que la
C. F. T. C. et F. O. publièrent une mise en garde
commune : les ouvriers en conservant leur sang-
froid, leur calme, en s'abstenant de manifestations prématurées sauveraient la République.
Chaque centrale syndicale sauf la C. G. T., chaque
parti politique sauf le P. C. s'écrièrent : « Périsse
plutôt le régime! » De Front Populaire il n'y avait
pas trace. Il s'agissait de quelques ententes, de
quelques mesures prises en commun et strictement défensives. Cela suffit pour que M. Guy
Mollet, bousculant M. Pflimlin et lui arrachant la
parole, suppliât le général de Gaulle, par personne interposée, de daigner fournir quelques
apaisements à l'opinion publique.

Cette opération arrangeait tout le monde : la
veille, une déclaration du général, un peu raide,
n'avait qu'à demi plu. Charles de Gaulle n'avait
pas fait allusion aux institutions républicaines;
s'il avait la bonté, en passant, d'en dire un petit
mot : « Je n'y toucherai pas! » ou bien : « Je
ne leur veux pas de mal », la France l'acclame-
rait comme en 1945 et M. Mollet, en retour,
aviserait un moyen de démissionner M. Pflimlin : peut-être le général de Gaulle réserverait-il
quelques portefeuilles aux socialistes dans un
cabinet d'Union nationale. Peu de temps après,
M. Pflimlin découvrit avec une stupeur indignée
que les communistes s'étaient permis de voter
pour lui. Il arracha leurs voix, les jeta au fond
de l'hémicycle. Et dans un généreux mouvement
d'éloquence, il alla jusqu'à leur refuser le droit
de défendre les libertés individuelles : ils n'en
étaient pas dignes. Cette surenchère d'anticom-

munisme dans les deux « grands partis républicains » eut pour effet de renvoyer chacun à
l'impuissance et à la solitude. Les colères de
maître Isorni ont prouvé que, malgré la réconci-
liation tentée autrefois, la droite pétainiste ne
pardonnera jamais à de Gaulle la condamnation
de Pétain. A gauche, au contraire, de bonnes
âmes puisaient quelque quiétude dans cet argument lumineux : le Sauveur de la République
peut-il la détruire de ses mains? (La réponse est
pourtant simple : pourquoi pas?)

Chez les communistes, certains militants, sous
la fermeté de leur attitude, laissaient percer de
l'embarras : ils prévoyaient la grande réconcilia-
tion nationale et ne se cachaient pas qu'ils en
feraient les frais. Mais ils n'oubliaient ni le
voyage de Charles de Gaulle à Moscou ni le
pacte franco-soviétique. Il y avait ce slogan
aussi : la France! la France seule! Cela voulait
dire peut-être : nous allons nous retirer de
l'O. T. A. N.

Pour les mêmes raisons mais inversées, la
grosse bourgeoisie catholique, soutien financier
du M. R. P., s'irritait contre le Sauveur de la
République : elle ne doutait pas qu'il ne fît de
l'ordre; et, certes, un bon coup de balai ne fait
jamais de mal; mais elle aurait volontiers bradé
l'Algérie et tout l'empire pour conserver l'amitié anglo-saxonne.

Mais qu'avait-il décidé, au fait, pour l'Algérie? On la tenait? On la lâchait? Cela dépen-
dait : des jours et des visiteurs. Après sa déclaration, l'ambiguïté demeurait : certains faisaient
remarquer, toutefois, que, loin de prononcer les
mots d'Algérie française, il avait pris soin d'évoquer à plusieurs reprises les peuples associés.

Ces observations déterminèrent une crise de masochisme à gauche : puisque le ministère Pflimlin nous confisque nos libertés pour pousser la pacification jusqu'à la mort du dernier fellagha, ne vaudrait-il pas mieux remettre à de Gaulle ces libertés perdues et qu'il s'en servît pour faire la paix? Car il est le seul homme, en France, qui puisse faire entendre raison aux militaires, imposer sa volonté aux Européens d'Algérie. Ces martyrs futurs acceptaient de payer la paix algérienne par la liquidation de nos institutions démocratiques. Ils se réjouiraient en prison de l'indépendance musulmane.

Ainsi chacun semblait suivre — à travers cent activités diverses, dans les comités antifascistes et jusque dans les organisations politiques — un rêve lent et contradictoire, comme si, désespérant déjà de la République, il ne pouvait s'empêcher de remettre ses espoirs désormais disponibles entre les mains du général de Gaulle. Les gens, dans les rues, se taisaient : les cafés étaient pleins, les recettes baissèrent à peine dans les théâtres. On eût pu croire qu'ils ne s'intéressaient qu'à leurs vies privées; jamais je n'ai vu autant de couples d'amoureux.

« Et puis quoi? Faut-il descendre dans la rue pour défendre Guy Mollet? Le Guy Mollet d'Alger? Le Guy Mollet de Suez? Faut-il risquer pour lui la sécession algérienne? la guerre civile? Qui d'entre vous se ferait casser la gueule pour M. Max Lejeune, l'ami des ultras? »

Ces paroles trouvent un écho dans les cœurs; les gens hochent la tête : s'il y avait un seul juste à l'Assemblée nationale... Mais non : cela se saurait. Ne faut-il pas les laisser à leur sort, ces malheureux? Se fier à de Gaulle? De fait, le général de Gaulle a fait rire de Mollet à sa conférence de presse. Succès facile : mais je défie M. Mollet de lui rendre la pareille. Il ne faut pas causer longtemps avec un électeur pour deviner les colères brouillées qu'il rumine : colères anarchistes, colères *qualunquistes*, colères de socialiste dupé. Des motifs cent fois plus puissants mais de même ordre, des ressentiments et des dégoûts ont paralysé autrefois la résistance des ouvriers au coup du 2 décembre.

De Gaulle attendait. Cette montagne de silence tirait sa force de nos faiblesses, c'était le lieu géométrique de toutes nos impuissances, de toutes nos contradictions : plus de rampe de lancement mais plus de Front Populaire; plus de guerre en Algérie, mais l'ordre moral consolidé. Quand on a annoncé, à la radio, qu'il tiendrait une conférence de presse, le lundi, il sembla que tout était fini : il serait doux, bénin, loyaliste et les gens seraient conquis. Le lundi matin, vers midi, on jouait la République perdante.

Après la conférence de presse, la République tient encore debout; nos institutions paraissent plus solides que nous n'avions pensé. Les menaces subsistent : peut-être ne résisterait-elle pas à la violence. Mais c'est déjà beaucoup qu'elle n'ait pas cédé à la douceur.

Le scénario était réglé, nous venons de le voir : on fournirait quelques apaisements à l'opinion publique et celle-ci, dans l'enthousiasme, contraindrait M. Pflimlin à démissionner. A la surprise générale, c'est le contraire qui s'est produit : les amis du général se renfrognèrent; les seuls visages qui s'épanouirent furent ceux de ses adversaires décidés. Pourtant, il avait fait des déclarations très rassurantes et dont la sin-

cérité ne peut être mise en doute : il ne veut ni
ne daigne être factieux, dictateur encore moins;
il recevra ses pouvoirs du président de la République et — pour exceptionnelle que doive être
la procédure adoptée — son investiture de l'Assemblée.

Mais, déjà, ce que pensait, ce que disait le
général de Gaulle n'avait plus d'importance que
pour lui-même et pour ses proches : quand il
affirmait en toute bonne foi qu'il n'allait pas
s'aviser à soixante-sept ans d'exercer la dictature, il ne lui restait que cette alternative :
renoncer au pouvoir (ou ne pas être sollicité de
le prendre) ou devenir dictateur. Car la situation
décide. Non de nos actes particuliers mais du
sens qu'ils revêtiront en dépit de nous-même,
pour les autres hommes et à nos propres yeux.

Il faut parler d'abord de cette fiction boiteuse :
l'arbitrage. Pour éviter de poser la question
fondamentale (« Sur quoi se fondera l'autorité
souveraine du général de Gaulle? »), M. Soustelle
avait inventé cette espièglerie juridique : entre
les Français d'Algérie (civils et militaires) et le
Gouvernement il y a litige. On demande à Charles
de Gaulle de bien vouloir arbitrer le différend.

Mais, à peine est-il mentionné, cet étrange
argument que le général a repris dans sa conférence de presse, il sonne mal aux oreilles, il
gêne. Où a-t-on vu qu'un gouvernement, si
faible soit-il, accepte de résoudre par un arbitrage un conflit provoqué par la rébellion de ses
fonctionnaires? De Gaulle a voulu préciser que
les généraux Salan et Massu n'étaient pas des
factieux; le Gouvernement, a-t-il ajouté, ne les
tient pas pour tels. C'est vrai formellement :
mais le Gouvernement n'est pas sûr de lui, il se

peut qu'il temporise. Peu importe, en tout cas :
ces généraux sont factieux ou ne le sont pas.
Dans le premier cas, le Gouvernement prend
des sanctions, même si sa faiblesse provisoire
l'oblige à ne pas les appliquer; et c'est donner
une prime à la révolte que de proposer un arbitrage. Dans le second cas, ils n'ont cessé d'obéir
à leurs chefs (même si l'état d'urgence les a
contraints de prendre telle ou telle mesure sans
en referer) et il n'y a rien à arbitrer. On le voit,
cette incroyable proposition, à peine formulée,
devient une offense à l'autorité souveraine de
l'État et verse dans l'illégalité.

On cherche à la préciser pourtant : aussitôt
elle éclate. Le conflit oppose « l'Algérie française » au Gouvernement. Que fait l'arbitre? Il
veut manger un des plaideurs et prendre sa
place. En effet, c'est *pour arbitrer* que le général
de Gaulle assumera la charge et les pouvoirs de
M. Pflimlin. Mais quand M. Pflimlin devient
Charles de Gaulle, comment l'arbitrage reste-t-il
possible? D'abord l'arbitre est juge et partie;
ensuite il n'y a rien à arbitrer puisqu'il n'y a pas
de litige entre le chef de la France libre et
l'armée d'Algérie; ces explications embarrassées
font éclater le scandale qu'elles veulent masquer.
Lorsque le général de Gaulle se déclare prêt à
assumer les pouvoirs de la République il a déjà
reçu l'investiture prétorienne, la seule qui compte
à ses yeux. Les officiers et les civils européens
l'ont désigné pour exercer au nom des colons
une dictature inconditionnée sur les indigènes
métropolitains. Cela, le général de Gaulle ne
l'admettrait certainement pas : de fait, son honnêteté, son patriotisme et sa fierté lui interdisent de sacrifier la France à ses colonies : c'est

bien *l'unité* qu'il veut. Et dans l'intérêt des deux
parties. Mais qu'importe ce qu'il veut. Qu'importe
ce que veulent les officiers d'outre-mer. Nul
doute qu'ils ne lui soient entièrement dévoués;
peut-être n'ont-ils eu que le sentiment de l'appeler à leur aide, à l'aide de la France telle qu'il la
voit. Mais le résultat est là : ils ont imposé ou
tenté d'imposer leur élu au choix de l'Assemblée.
Elle doit l'accepter ou le refuser sous la menace
d'une guerre civile. Il restera là sans cesse, même
s'il est provisoirement écarté, comme l'empereur
que les légions romaines ont désigné.
    A la moindre crise, demain, dans huit jours,
dans un an, il peut reparaître. Il est candidat
permanent (à moins qu'un coup de force ne fasse
de lui l'empereur en exercice) du fait de cet intolérable chantage. Le jeu des institutions démocratiques est radicalement faussé. Et, si de
Gaulle ne prend pas le pouvoir, il restera faussé
par la présence de ce *prétendant* jusqu'à ce que
celui-ci renonce officiellement au faux droit que
lui a donné la force.
    Qu'importe, après cela, que les formes cons-
titutionnelles soient ou non observées. Si le président de la République ne convoque pas le prétendant et si celui-ci a l'intention d'user de la
force, la violence se montrera nue. Si M. Coty
convoque Charles de Gaulle, c'est une capitula-
tion de plus. Une déclaration du général est particulièrement significative : « L'Armée doit obéir
à l'État. Encore faut-il qu'il y en ait un. » Rien
de mieux : l'Armée ne peut *vous* désobéir, monsieur Pflimlin, parce que vous n'êtes pas l'État,
l'État c'est moi : voilà pourquoi elle m'obéira.
Mais puisque le souverain est un général, l'Armée
n'obéit qu'à elle-même et le pays obéit à l'Armée.

Et c'est bien vrai qu'il est faible, notre État.
Mais à qui la faute sinon aux généraux d'Algérie et aux civils qu'ils soutiennent? Sinon aux
ministres qui ont tous affaibli l'État par des
concessions toujours plus coupables et plus
graves? « Couvrir » Sakiet, monsieur Gaillard,
ce n'était pas seulement assumer allégrement la
responsabilité d'un crime : c'était mettre votre
successeur à la merci d'un putsch militaire.

Et s'il les avait, Charles de Gaulle, ces pouvoirs exceptionnels, qu'en ferait-il? Quels sont
ses projets? Dans quel sens tournera-t-il sa sentence d'arbitre? Ces questions demeureront sans
réponse aussi longtemps qu'il n'aura pas pris le
pouvoir, c'est-à-dire, peut-être, toujours. Car de
Gaulle finit son portrait de lui-même comme il
l'a commencé : par le silence. Ce n'est pas qu'il
n'ait son projet. Mais il ne le fera pas connaître :
car — c'est là le danger le plus grave — il ne
veut pas qu'on le plébiscite sur un programme
mais sur sa personne. Non pour ce qu'il fait
aujourd'hui, mais pour ce qu'il a fait avant-hier
quand il représentait la France libre auprès des
Alliés.

Notre adhésion, s'il nous la réclame, ce n'est
pas *malgré* notre ignorance de ses desseins mais
à cause d'elle. Il ne s'agit pas de lui demander
— avec tout le respect désirable — ce qu'il
compte faire mais d'approuver par avance tout
ce qu'il fera, en fonction de ce qu'il a fait. Ces
cinq ans pendant lesquels il a fait notre Histoire — en compagnie de beaucoup d'autres
hommes —, ils garantiront tous ses actes futurs,
quels qu'ils soient. Ou plutôt ses gestes héroïques
et disparus, quelle que soit demain la circonstance, nous devons croire que ce sont eux qui

renaîtront, mystérieusement adaptés aux exigences de la situation. C'est le retour éternel de sa geste passée que nous devons attendre : toutes ses actions défuntes, envahissant soudain le présent, deviendront *sacrées*. Ce lien qui doit nous unir à lui — dévouement, fidélité, honneur, respect religieux —, il porte un nom : c'est la foi jurée qui unit la personne à la personne, ou, si l'on préfère, le lien de vassalité.

Je ne prétends pas que cette liaison soit sans valeur humaine : mais précisément parce que ces relations sont chargées de mort et de passé, surchargées de sacré, elles sont aux antipodes de la relation proprement démocratique, qui consiste à juger les hommes à leurs actes et non les actes sur leurs hommes, à communiquer à travers les entreprises communes, à partager les responsabilités, à apprécier une action par rapport à son but et à son résultat. C'est cela qu'ont senti les journalistes présents à la conférence, puis, plus tard, les auditeurs de la radio : la solitude de cet homme enfermé dans sa grandeur lui interdit, en tout état de cause, de devenir le chef d'un État républicain. Ou ce qui revient au même, interdit à l'État dont il sera le chef de demeurer une République. Tous ceux qui se sont sentis plus ou moins attirés, ces derniers temps, par le vertige de la catastrophe, qui ont pris un âcre plaisir à voir la France comme un destin et qui rêvaient à une démocratie gaulliste, un peu funèbre mais vivante, ils ont compris tout à coup ce qu'on leur offrait, la seule chose qu'on pouvait leur offrir, cette morne grandeur solitaire. Ce n'est pas par hasard que les forces républicaines, oubliant leurs dissensions, se regroupent depuis lundi soir pour une lutte plus

efficace; ce n'est pas par hasard que le Gouvernement se sent d'heure en heure un peu plus
solide, que les grèves du métro, des autobus et
du téléphone ont été d'incontestables réussites.
Il faut à la France un État fort, c'est sûr; il
faut restaurer l'autorité du Gouvernement, ruiné
par douze ans d'abandons et de compromissions,
mais la meilleure manière d'achever sa ruine, ce
serait de le confier à *un* « homme fort » qui
imposerait à tous ses règles : nous devons restaurer *cet* État délabré, *cette* République décriée,
avec les hommes mêmes, avec tous les hommes
qui sont responsables de sa demi-faillite; nous
ne lui rendrons sa force institutionnelle que si
nous restaurons en même temps, contre tous les
rêves de grandeur morte, les droits et les libertés
réels des citoyens.

L'Express, *n° 362, 22 mai 1958.*

LA CONSTITUTION DU MÉPRIS

On nous a dit que nous allions voter : on nous ment. Arrachons le tissu de grands mots qui couvrent un crime : le 28 septembre ne sera pas un jour d'élection, mais de violence. Et la violence, c'est nous qui la subissons.

D'abord, qui a proposé ce plébiscite? Personne. On l'impose à la nation souveraine. Il fondra sur nous comme un voleur. Et n'espérons pas nous en tirer par le silence : s'abstenir, c'est voter à l'aveugle pour la majorité, quelle qu'elle soit.

J'entends bien qu'on n'aura pas, en France du moins, le droit de regard sur notre bulletin. Après? Il y a d'autres contraintes, d'autres truquages. La liberté d'un vote serait hasardeuse si elle n'était défendue que par un isoloir. En fait, ce sont les institutions, d'ordinaire, qui la garantissent. Et les mœurs. Le retour périodique des consultations électorales protège le citoyen contre l'incertitude et la précipitation. La pluralité des partis oblige chacun d'eux à expliquer son programme, inlassablement. Bref, l'électeur donne son avis dans les formes reçues, il a ses points de repère, ses habitudes, la nouveauté ne le désoriente pas, tant qu'elle se manifeste dans le cadre de la tradition politique. Mais notre Référendum, lui, jouit du charme douteux des impromptus. Le rapport du neuf à l'ancien s'est renversé. On a commencé par piétiner nos institutions, rien n'en reste que des miettes; et puis l'on nous propose cette vieillerie, une charte royale.

L'électeur, égaré dans le *no man's land* qui sépare la république défunte de la future monarchie, doit décider seul et sans recours. C'est tout ou rien; tout : le roi Charles XI. Rien : le retour à cette Quatrième dont personne ne veut plus. J'accepterai toutes les exigences du général de Gaulle ou je retomberai dans le néant. N'y a-t-il pas d'autre solution? « Je ne veux pas le savoir, répond le prétendant. Vous adoptez la mienne ou je m'en vais. » Une sournoise propagande nous égare à dessein par le jeu des assimilations : le personnel de la défunte Quatrième vous écœure, *donc* vous avez en horreur la démocratie, *donc* vous voulez la monarchie gaulliste.

On dira que le régime était pourri, qu'une chiquenaude a suffi pour le réduire en poudre, que notre tâche la plus urgente est de constituer un État. Je ne le nie pas. Mais à la faveur d'un raisonnement sensé, on nous demande simplement de légaliser un coup de force.

Et, certes, il y a des cas où c'est une précaution nécessaire que de transformer la force en droit : un gouvernement révolutionnaire, et porté par la masse au pouvoir, dégénère en tyrannie s'il ne cède le pas au plus vite à une Constituante régulièrement élue. Mais qui parle de Constituante aujourd'hui? C'est que le général de Gaulle n'est rien moins que l'élu des masses.

Appellera-t-on favori du peuple ce candidat qui
renonce à sa tournée électorale par crainte des
troubles qu'elle susciterait? La preuve en a été
faite le 4 de ce mois : il peut parler à la radio, à
la télévision, devant une assemblée; sur la place
publique, jamais. A moins de compter pour rien
les morts et les blessés.

Non : son gouvernement n'est pas issu d'une
révolution; tout juste d'un pronunciamiento. Ni
le silence d'une presse qui s'est ruée dans la servitude avant même qu'on lui ait rien demandé,
ni la bonhomie provisoire des officiels, ni les cir-
conlocutions des diplomates étrangers ne nous
feront oublier que le général de Gaulle a été
porté au pouvoir par les colonels d'Alger.

Il ne l'oublie pas lui-même. En souffre-t-il?
Je l'espère. En tout cas, il s'empresse de nous
faire sanctionner l'illégalité. Tant que nous n'aurons pas dit oui, quel que puisse être son prestige, il règne par la force. Par la force des autres
— c'est bien le pire. Et par la faiblesse de nos
représentants élus. Ce trône qu'on a volé au
Louvre pour l'y faire asseoir, rien ne sera fait
tant que nous ne le lui aurons pas donné par
amour.

Et voici la duperie : le pouvoir, même usurpé,
a toujours l'apparence de la légalité; il suffit que
le désordre *règne*, surtout s'il est majestueux,
pour qu'on le confonde avec l'ordre. De nombreux Français s'y trompent; le paternalisme
benoît de la Constitution achèvera de les égarer.
Voter « oui », leur semble-t-il, c'est voter pour
l'ordre moral; et le « non » nous plongerait dans
l'anarchie. Quand il n'y aurait que cela, le plébiscite serait une escroquerie : on nous promet
le retour au calme, à la discipline, à la tradition,

pour que nous donnions nos suffrages aux émeutiers d'Alger.

Ne nous y trompons pas : tous les plébiscites du monde ne peuvent empêcher un coup de force d'être et de rester un désordre. La caque sent le hareng : le régime gaulliste sentira jusqu'à sa fin et dans toutes ses manifestations l'arbitraire et la violence dont il est issu.

J'ai dit que nous voterions sans contrainte — mais ce n'est vrai qu'à moitié. Le corps électoral est un tout indivisible; quand la gangrène s'y met, elle s'étend à l'instant même à tous les électeurs. Qu'un suffrage soit arraché de force, tous les autres sont forcés. Qui osera prétendre à présent que les Musulmans en Algérie voteront librement et qu'ils réclameront leur indépendance à la face de 500 000 soldats dont l'office est de les empêcher de la prendre?

L'appoint des suffrages arrachés aux Musulmans donne à chaque « oui » de la Métropole une efficacité supplémentaire, ôte à chaque « non » un peu de son pouvoir. A l'instant où son bulletin tombe au fond de l'urne, l'opposant devient citoyen de deuxième classe. Son refus n'a pas la même valeur que l'acquiescement du voisin.

Pour achever de brouiller les cartes, on amalgame deux plébiscites distincts. Les peuples d'Afrique, en effet, se soucient fort peu des rapports de l'exécutif et du législatif dans la nouvelle Constitution. L'électeur noir veut l'indépendance, mais il se demande si les ressources et le développement économique de son pays lui permettent de se passer de notre soutien. Voilà son unique affaire et son vote dépendra de la réponse qu'il se donnera...

Et c'est ainsi qu'un OUI dont le sens à Madagascar est l'autonomie interne et l'acheminement progressif vers la liberté viendra signifier à Paris la mise en tutelle du peuple français et diminuer encore l'efficacité des NON. Cette violence sournoise choisit ses victimes : seuls les démocrates en pâtiront.

Le grignotement des voix se produit dans la Métropole même. L'équivoque est telle qu'on ne sait pas au juste pour ou contre quoi l'on vote, pour ou contre qui. Au premier regard, cette charte est un portrait. Le portrait de l'artiste par lui-même. Ce prince-président qui règne et qui n'est responsable que devant Dieu, qui est-ce, sinon de Gaulle en personne?

Peut-on croire un instant qu'il sera l'élu de la nation? Tiendra-t-il ses pouvoirs du peuple souverain? Jamais de la vie. Il est déjà en place et il a choisi pour électeurs ses partisans; c'est dire que l'élection n'est qu'une cérémonie. Qui donc alors le porte sur le trône? Eh bien, c'est la France elle-même — abstraction faite bien entendu de tous ses habitants. Cette entité rigide et sévère, invisible à tous, ne dédaigne pas, dans la solitude, de lui parler à l'oreille. La preuve? Jeudi dernier, le général de Gaulle n'avait pas encore été plébiscité. L'intrigue et la peur seules l'avaient fait ministre; pourtant, nous l'avons entendu, dans une allocution surprenante, exhorter les Français *au nom de la France* à voter la Constitution. Tout est là : la France a déjà approuvé le choix gaulliste; notre devoir est tracé. Si nous le refusons, la France souffrira et nous serons des méchants. Si nous l'acceptons, la France va sourire et l'on nous invitera peut-être aux cérémonies officielles.

On dit qu'Ulysse seul avait la force de tendre

son arc; ainsi, le général de Gaulle a seul au monde l'orgueil nécessaire pour entrer dans le rôle de président providentiel. Je ne crois pas en Dieu, mais si dans ce plébiscite je devais choisir entre Lui et le prétendant actuel, je voterais plutôt pour Dieu : Il est plus modeste. Il réclame tout notre amour et notre infini respect, mais je me suis laissé dire par des prêtres qu'Il nous aimait en retour et qu'Il respectait infiniment la liberté du plus misérable. Notre futur monarque, lui, exige aussi qu'on le respecte, mais je crains fort qu'il ne nous respecte pas. En un mot, Dieu a besoin des hommes et le général de Gaulle n'a pas besoin des Français.

Ou plutôt si. Il l'a dit : « J'ai grand besoin de votre confiance. » Mais cette confiance, il lui suffira que nous la lui donnions une fois, une seule fois, le 28 septembre. Ce jour-là, si tout va comme il veut, nous nous confierons à l'homme qui nous manifeste la méfiance la plus soutenue et qui prétend nous faire adopter la Constitution du mépris. L'Assemblée populaire est flanquée d'un Sénat réactionnaire. Elle est privée de la faculté de choisir elle-même et dans son sein ses ministres. On lui refuse, ou presque, celle de renverser le Gouvernement qu'on lui impose. On réduit la durée de ses sessions, on se réserve la licence de la dissoudre ou de la mettre en vacance sous des prétextes mal définis. Français, comprendrez-vous que c'est à nous, à nous tous, que l'on dénie tous ces droits? Le Référendum de 1958 me rappelle un mot de Marx qui remonte à cent ans : « Le suffrage universel, disait-il, n'apparut en 1848 que pour se supprimer aussitôt. »

Et voilà justement où réside l'équivoque. Car

cette Constitution paraît de prime abord l'image intérieure et démesurée qu'un homme s'est faite de lui-même. Mais à la mieux regarder, on constate qu'elle est le résultat d'un compromis entre les forces qui ont porté cet homme au pouvoir : les féodaux d'Alger et le grand capital financier. C'est pour satisfaire les premiers qu'on donne la prépondérance à la France paysanne dans le corps électoral : le paysan vote à part entière; l'ouvrier, non — mais on le dédommage en lui donnant la Légion d'honneur. C'est pour satisfaire les banques qu'on choisira les ministres hors de l'Assemblée. Il n'en pouvait être autrement : porté au pouvoir par les agrariens d'Alger, de Gaulle a truffé de banquiers ses ministères. En libérant l'exécutif du jeu parlementaire, le capital financier espère contrôler l'État; ses représentants ne se contenteront plus de faire pression sur les ministres, ils seront ministres eux-mêmes. En avantageant la paysannerie, c'est-à-dire, malgré tout, la part la plus réactionnaire du corps électoral, celle qui depuis douze ans soutient les dépenses, les représentants des colonels espèrent qu'ils feront élire une Chambre « introuvable » qui votera sans broncher les crédits militaires les plus élevés.

Capitalistes parisiens, propriétaires fonciers d'Algérie : je ne dis pas que ces gens s'entendent fort bien entre eux; tout au contraire, il faut considérer le général de Gaulle comme leur champ de bataille et la Constitution comme le lieu géométrique de leurs contradictions. Reste qu'ils s'accordent sur un point : museler le peuple.

Contre ceux qui ne sont pas dupes de leurs mensonges, on use de grands moyens. Je vous le dis : ce pouvoir est né de la violence, donc il se maintiendra par la violence. Le chantage nous a donné de Gaulle, c'est le chantage qui nous le conservera.

J'accorde qu'on n'en est pas encore à nous rabattre à coups de crosse sur les urnes. Mais je dis qu'une consultation électorale n'est pas libre quand l'électeur est terrorisé. Sans ces menaces, sans ces fameux avions d'Algérie toujours prêts à prendre l'air pour lâcher sur Paris leur cargaison de paras, sans l'homme « au couteau entre les dents », la charte serait accueillie par des éclats de rire : elle est si confuse, si sotte, si naïvement réactionnaire que personne ne la prendrait au sérieux. Si la Quatrième est morte, c'est avant tout pour s'être coupée du peuple. Croit-on s'en tirer mieux en niant le peuple tout à fait? Elle était à l'image de la France qu'on nous prépare, la cérémonie du 4 septembre : au milieu de la place, le prince; autour de lui, le chœur des élus; puis derrière les barricades et le cordon de flics, très loin, le grondement du peuple qui dit « non ».

Je m'adresse à ceux qui font confiance à l'homme de juin et je leur demande : pourquoi cette charte? Vous dites que le général de Gaulle a besoin de votre confiance; je le conçois. Vous supposez qu'il va s'affronter aux colonels, qu'il ne peut réussir l'épreuve de force s'il n'a pas le pays derrière lui. Je peux encore le concevoir. Mais où voyez-vous que votre vote soit un mandat pour rétablir l'ordre et la paix en Algérie? Le « oui » que vous direz, c'est une approbation de tout ce qu'il a fait depuis le 1er juin. Donc vous approuvez la présence de M. Soustelle au ministère. Mais M. Soustelle représente

quasi officiellement les Comités de salut public.
Vous approuvez la promotion du général Massu.
Mais le général Massu est l'un des principaux
responsables du 13 mai. Pour voter contre les
ultras, vous n'avez trouvé d'autres moyens que
de mêler votre « oui » aux leurs. Car ils diront
« oui » tous, n'en doutez pas. Après quoi Dieu
reconnaîtra les siens. Dieu, mais pas le général de Gaulle. Comment pourra-t-il savoir si
vous approuvez ou désapprouvez l'intégration,
puisque, vous qui en êtes l'adversaire, vous lui
faites la même réponse que ceux qui en sont les
partisans?

Tout est truqué. Si le général de Gaulle avait
souhaité votre soutien pour entreprendre des
réformes, une action concrète, la lutte contre
certains éléments civils et militaires, il aurait
commencé par annoncer son programme. Supposez qu'il ait dit : « Je veux négocier avec les
rebelles »; ou bien tout au contraire : « Je ferai
la guerre jusqu'au bout » — quelle clarté! Chacun prendrait ses responsabilités. Au lieu de
cela, il nous invite à méditer sur les pouvoirs
respectifs du président et d'une Assemblée qui
ne sont pas encore sortis du domaine de l'imagination. La France s'enlise dans une guerre
odieuse, les prix montent en flèche, l'industrie
cherche des marchés. Et l'on nous propose une
Constitution! En dehors de cela : rien, le silence
ou des mots à double sens que des exégètes
s'empressent d'interpréter chacun à sa façon.

Non, ce n'est pas notre soutien que le général
nous demande, c'est notre obéissance, sans plus.
Et pourquoi donc lui obéiriez-vous? Il y a cent
cinquante ans que la France est adulte. Qu'a-
t-elle besoin d'un père? Prenez garde, nous

aurons tôt fait de retomber dans les niaiseries de l'enfance; les adultes n'y sont que trop portés. Vous répondrez que vous savez tout cela, mais qu'il faut passer sous les fourches caudines, puisque le général de Gaulle est le seul homme qui puisse mater la rébellion d'Alger. Lui, la mater? Quand c'est lui qui lui a donné le pouvoir et qui l'y maintient?

En France, ce Gouvernement sait être autoritaire : il a déjà appris à faire charger la police sur les foules et à saisir les journaux de l'opposition. Mais pour ce qui est de l'Algérie, on chercherait en vain ce qui le distingue du ministère Bourgès-Maunoury.

Si vous votiez pour de Gaulle, que lui donneriez-vous qu'il n'a déjà? Il jouit de la toute-puissance. Pendant trois mois, il eût pu tout faire et il n'a rien fait. Par contre, vous raffermissez le courage des ultras. Comptez sur eux pour proliférer sous cette grande ombre. Et souhaitez de n'avoir pas élu le Neguib de quelque nouveau Nasser qui tout à coup se démasquera.

Tout est faux. Mensonges et violence, chantage, terreur, équivoques, tout dans ce Référendum est agencé pour violer les consciences et pour dévaloriser le vote des opposants.

Si les « oui » devaient l'emporter, jugez de ce qui suivrait. Mais sans même tenir compte de l'avenir, il serait indigne de voter sous la menace. Puisque nous n'avons pu l'éviter, ce plébiscite truqué, nous n'avons qu'une réponse à faire : « non ». Mais ne tombons pas dans le dernier piège. Ne soyons pas « l'esprit qui toujours nie ». On a fait exprès de nous acculer au refus pur et simple : regroupons-nous et donnons un sens à ce refus. Que notre « non » à la monarchie

signifie « Assemblée constituante ». Au général
de Gaulle et à ceux qui l'entourent, nous dirons :
« Sur un point, nous sommes d'accord avec vous :
la quatrième République est morte et nous entendons bien ne pas la ressusciter! Mais ce n'est pas
à vous qu'il appartient de faire la cinquième
République. C'est au peuple français lui-même
dans sa pleine et entière souveraineté. »

L'Express, n° 378, 11 septembre 1958.

LES GRENOUILLES
QUI DEMANDENT UN ROI

Les « oui » seront nombreux, très nombreux.
Mais à quoi dit-on « oui »? A la Constitution?
Tout le monde s'en moque. A un programme? Du
firmament que la tête du général effleure, c'est
à peine si, de temps à autre, tombe un indéchif-
frable oracle. Non : c'est l'homme qu'on veut
plébisciter. En ce pays compartimenté, hérissé de
barrières, de cloisons, de chicanes, où chacun
dispute un os à ses voisins, l'homme-unanimité
tout à coup se présente. S'il devait gagner, le
28 septembre, fût-ce de justesse, nous savons
tous qu'il ne se tiendrait pas pour le leader de la
majorité, mais qu'il prétendrait réaliser en sa
personne le rassemblement de tous les Français.
Il se garde bien de rien offrir : et les intérêts, sur
terre, demeurent émiettés et contraires. Mais
quand l'électeur lève les yeux, il découvre au-
dessus des nuages le fascinant mirage de l'unité.
Si nous votons pour lui, gauche et droite seront
unies comme son oreille droite et son oreille
gauche; le haut capital et les cantonniers comme
le sommet de son crâne à la plante de ses pieds.
Beaucoup de Français détestent leur prochain;
ils l'aimeront en de Gaulle; tous communieront

dans cette grande entité dont l'indissolubilité organique veut symboliser le plus haut degré de l'intégration sociale.

Comment ne voit-on pas, après tant de dictatures, que cette communion mystique couvrirait nos discordes sans les apaiser? Comment ne sait-on pas qu'un pays projette en un seul homme son désir douloureux d'unité quand les contradictions du moment ont rendu cette unité impossible? On dirait que l'électeur somnole. Regardez autour de vous : les « oui », les « non » s'étalent partout : sur les murs, dans les quotidiens de province, dans *L'Express*. Le « non » donne ses motifs, il explique son option, c'est de la géométrie passionnée. Les « oui » sont des soupirs : ils s'abandonnent aux grands rêves, aux grands sentiments, aux grands mots, à ces déluges de larmes qui ont souvent précédé l'établissement des dictatures. Morne enthousiasme : contre la Raison, les « oui » invoquent les raisons du cœur qu'elle ignore — mais le cœur n'y est pas.

Il ne faudrait pas s'étonner si nous n'avions affaire qu'aux gaullistes de la première heure, fidèles au compagnon des temps héroïques, au chef qu'ils n'ont cessé de respecter. Et d'un autre point de vue, il est normal qu'un certain nombre de personnes, maltraitées par la vie, aient besoin de croire en Dieu et surtout en Son Incarnation. Combien de femmes solitaires et trahies ont étendu leur ressentiment à l'espèce entière : tout ce qui est humain leur fait horreur, elles aiment les chiens et les surhommes.

Mais il y aura des jeunes gens et des hommes jeunes pour porter leur suffrage au futur monarque : actifs, parfois heureux, intelligents et qui se tiennent de bonne foi pour des républicains. Beaucoup sont techniciens, travaillent en équipe, savent comment un problème apparaît et comment on le résout; contre toutes les infaillibilités, ils ont découvert, dans la pratique, l'importance des contrôles réciproques, de l'entraide et de la contestation : ils ne croient plus au Père Noël. Alors? Qu'ont-ils à voir avec le Grand Un? Pourquoi, lorsqu'il s'agit de la Chose publique, s'en remettront-ils à ce prince infaillible plutôt qu'à des organisations techniques qu'ils pourraient contrôler? Il faut que le *personnage* du général de Gaulle offre par lui-même et silencieusement l'image un peu brouillée d'une politique. Et, surtout, pour déchiffrer cette image, il faut que ces républicains aient une certaine idée de la France, de la République, du monde et d'eux-mêmes. Si nous pouvions, sur la foi d'innombrables enquêtes, témoignages et conversations privées, fixer les traits et les pensées de ces électeurs parfaitement honnêtes et foncièrement démocrates qui voteront « oui », dimanche prochain, nous verrions, je crois, qu'ils sont, eux aussi, victimes d'un mirage. Et si cette esquisse tombe sous leur regard, peut-être quelques-uns se reconnaîtront-ils, peut-être auront-ils les yeux dessillés.

Il faut partir de cette malheureuse Quatrième qui vient de se désintégrer par dégoût d'elle-même.

Ils ne sont pas bien neufs, les reproches qu'on lui adresse : on les faisait déjà à la Troisième qui a pensé, le 6 février 1934, en mourir. Ils étaient alors moins virulents et moins unanimes :

à peine moins justifiés. Le fait est que, depuis 47, le régime tourne à vide, le fait est que l'Assemblée était coupée du peuple, c'est-à-dire des électeurs; le fait est qu'il y avait un « système », c'est-à-dire que nos hommes politiques étaient devenus des choses inertes et qu'ils obéissaient à des lois inflexibles semblables à celles qui régissent le cours des choses. Ce qui frappait d'abord, c'était l'instabilité ministérielle. Ces chutes brusques, parfois inattendues, ces longues crises, pour beaucoup de Français, c'était l'image même du désordre. En fait il n'y a jamais eu qu'un ministère. Stable mais tournant. L'équipe — restreinte — des ministrables dansait la ronde, chacun tenait ses voisins par la main en attendant que le mouvement circulaire d'un projecteur fît jaillir de l'ombre son visage. Il se peut que pour quelques intimes M. Pflimlin et M. Schuman soient réellement distincts, politiquement ils échappent au principe d'individuation. Soutenus par la même majorité, les nouveaux reprenaient la politique des anciens, c'est-à-dire perséveraient dans l'inertie.

Pendant toute cette période, un seul accroc, vivement réparé, le ministère Mendès France. Ce parvenu n'était pas de la bande : on le lui fit bien voir.

Bon. Cette description, cent autres l'ont faite. Le système, c'est l'impuissance au pouvoir. Non pas l'anarchie — où chacun fait ce qu'il veut — mais la paralysie — où la tête pense encore quand les bras ne remuent plus. Oui, M. Gaillard, M. Pinay avaient quelque chose comme une tête et cette tête leur disait — dans le privé ils n'en faisaient pas mystère — que la guerre d'Algérie était absurde et qu'il fallait négocier. Mais quand

M. Gaillard prit son tour de garde à la présidence du Conseil, il n'eut pas la folie de penser qu'on lui confiait ce nouveau poste pour lui donner licence de faire ce qu'il croyait utile et juste, de proclamer ce qu'il croyait vrai. Ce président interchangeable prêta sa voix au système et le système affirma par sa bouche : Gouverner c'est ne pas prévoir, c'est ne pas prévenir, c'est ne pas choisir, gouverner c'est obéir; nous continuerons la guerre à outrance.

Le spectacle de l'impuissance n'est pas propre à dilater le cœur. Il indigne les gens qui travaillent parce que le travail est action.

Ce qui prouve assez que l'antiparlementarisme est ici d'origine professionnelle, c'est que l'on entend moins reprocher aux élus leur impuissance ou leur lâcheté que leur paresse, vice qui leur est parfaitement étranger. « On les paye à ne rien faire. » Voilà l'idée.

Aux environs du 15 juin dernier, un petit bourgeois m'aborda devant la Chambre des députés et me dit d'un air furieux :

— Alors! ils sont encore en vacances.

— Il faut reconnaître, répondis-je, qu'on les y a mis.

Il ne se troubla qu'un instant puis, reprenant le fil de sa colère :

— On les y a mis? Tant mieux. Mais alors qu'on ne les paie pas.

Et nos républicains — ceux qui apporteront leurs suffrages à de Gaulle —, ce sont des travailleurs honnêtes qui ont le goût des techniques précises, des actions rigoureuses et qui ne se reconnaissent pas ou — comme nous le verrons — qui *croient* ne pas se reconnaître dans leurs représentants élus.

Jusqu'ici, nous sommes tous d'accord. Mais nous n'avons pas quitté le domaine des apparences. Car enfin d'où vient-elle, cette impuissance? Sont-ce les hommes qui ont fait le système ou le système qui a fait les hommes? Et qu'est-ce au juste que le système? L'immobilisme n'en peut être la cause mais seulement l'effet. Sur ce point les réponses demeurent imprécises. J'ai lu *Ces Princes qui nous gouvernent*, de M. Debré, dans l'espoir, je l'avoue, de m'agacer les dents; j'ai été déçu : cette bouillie ne se mâche pas. Mais à en juger par la Constitution, la faute originelle serait la primauté du législatif. Nous y voilà. Imaginons un homme aux nerfs d'acier, au cœur pur et somptueux, la tête emplie de vastes projets, qui ne veut qu'œuvrer pour la France et qui, pour mener à bien son entreprise, n'a besoin que de continuité : c'est l'exécutif. Et comparons maintenant à cette grande figure le législatif, ce panier de crabes grouillants, gluants, grimpant les uns sur les autres et retombant sans cesse. N'est-ce pas une absurdité de soumettre l'homme aux caprices des crabes?

C'est ici qu'il faut dénoncer la plus grande imposture gaulliste. Osera-t-on prétendre que c'est l'Assemblée qui a fait de nos ministres ces bêtes hagardes et terrorisées que nous avons entendus si souvent réciter à la radio, à la télé, un compliment appris? Et sont-ce les ministres qui ont fait régner la peur à l'Assemblée? Est-ce l'Assemblée qui a empêché M. Mollet de désavouer le kidnapping de Ben Bella? Est-ce elle qui a contraint M. Gaillard de « couvrir » le bombardement de Sakiet?

Je dis au contraire, moi, que tout le mal est venu, ces dernières années, d'un exécutif trop fort qui échappait au contrôle du législatif. Car nous avions un exécutif. Ce Prince bombardait Haïphong quand l'Assemblée voulait négocier avec Ho Chi-minh; il réclamait de l'argent — le nerf de la guerre — qu'on lui donnait en hâte et sans discuter, il multipliait en Algérie les « lois de suspects » et les opérations de police, il ratissait, quadrillait, bombardait; en France même, il saisissait la presse d'opposition et poursuivait les journalistes devant les tribunaux militaires; toute la vie nationale était entravée par ses grands rêves héroïques de reconquête, il sacrifiait la France à ses colonies et l'Assemblée terrifiée, impuissante, brinquebalait à la queue des guerres coloniales comme une casserole à celle d'un chat.

Cet exécutif autoritaire, incontrôlable, il s'est appelé Thierry d'Argenlieu; aujourd'hui il a cent noms, Massu, Trinquier, Lacheroy, et autres « colonels ». En treize ans, la France est devenue ce pays militarisé dont les fils se battent outre-mer sous les ordres de nos Princes, les Seigneurs de la Guerre.

Il y a dix-neuf ans que nous faisons la guerre : le système ne tire pas son origine des prétendus vices de la Constitution de 1946 mais de la lente fascisation d'une nation qui perd son sang, son temps, sa culture et ses richesses pour conserver d'anciennes conquêtes qui, depuis longtemps, coûtent plus qu'elles ne rapportent.

Exécutif? Législatif? Système? Régime? Des mots.

S'il y a une crise des pouvoirs, aujourd'hui, il faut en chercher les raisons en profondeur dans des maux que nos nouveaux maîtres ne veulent ou ne peuvent guérir. Ce que je vais dire, tout le monde le sait, beaucoup ne veulent pas le savoir. C'est pour ces faux ignorants que je le répète.

Je ne prétends pas que l'Histoire soit juste : il n'était peut-être pas juste que nous fussions seuls à supporter le premier choc de l'armée allemande, ni que l'ennemi nous occupât quatre ans, ni que nous restions abandonnés, ruminant notre défaite pendant que nos alliés gagnaient la guerre, ni que nous fussions libérés par eux, déclarés vainqueurs par complaisance et tolérés en parent pauvre parmi les Cinq Grands.

En 45, nous avions cru reprendre notre sort dans nos mains : l'U. R. S. S., les U. S. A. et le général de Gaulle cassèrent les reins à la Résistance. Les grèves de 48 éreintèrent les ouvriers. Nous découvrîmes alors que nous étions un très vieux pays, une société stratifiée de la base au sommet par le malthusianisme économique de l'entre-deux-guerres. Où était le peuple? Il n'y en avait plus : on l'avait compartimenté en groupes d'intérêts divergents qui ne s'aimaient pas entre eux. Du reste tout le monde s'opposait à tout le monde : les petites, les moyennes, les grosses entreprises, le commerce de détail et celui de demi-gros, le paysannat et les villes, comme il arrive quand le mouvement de l'Histoire s'arrête et que les contradictions vivantes se transforment en inertes conflits. La grande industrie accentua ses tendances malthusiennes, la classe ouvrière se déchira : les ouvriers professionnels, héritiers du vieil anarcho-syndicalisme, freinaient tant qu'ils pouvaient la modernisation de l'outillage parce qu'ils craignaient avant tout que leur travail ne s'en trouvât disqualifié; les ouvriers spécialisés, las de tourner en rond dans le cycle infernal « prix-salaires », voyaient au contraire dans la production de masse le seul moyen d'élever leur niveau de vie. Syndicats et partis vinrent coiffer ces antagonismes et les durcir; mais le coup de grâce, cette fois encore, fut donné *du dehors*, le plan Marshall et le « Coup de Prague » transformèrent ces conflits économiques et sociaux en haine politique. La gauche avait vécu.

Restait l'Empire. Il commença très vite à s'émietter. Il ne fallait pas de grandes lumières pour comprendre, dès les premières révoltes, que nous assistions au début de ce qui allait être l'événement le plus considérable du second demi-siècle : l'éveil du nationalisme chez les peuples afro-asiatiques; ni pour concevoir que ce mouvement d'émancipation serait irrésistible et irréversible. Mais nous n'y voulûmes rien voir et la gauche elle-même, au début, se fit tirer l'oreille : l'Empire, c'était notre grandeur.

Cette souveraineté que nous avions maquignonnée à l'Amérique, si nous forcions les rebelles à la reconnaître, nous pourrions rêver un moment que nous l'avions conservée.

Ce n'est pas l'Assemblée qui a engendré le verbalisme imbécile qui pourrit tout : c'est la situation. Nous étions parmi les Cinq Grands mais l'Allemagne, sept ans après la débâcle, nous écrasait de sa puissance. Grand devenait un mot vide de sens. Nous faisions respecter aux colonies par des massacres une souveraineté que nous avions perdue. Souveraineté n'était qu'un mot. Nous affirmions partout la grandeur de la France mais nous savions que nos guerres de prestige indignaient le monde sans le frapper de terreur. Les

puissances atomiques s'interrogeaient, étonnées :
« Que font-ils donc? Ils jouent? Ce doit être
pour occuper leurs soldats. » Grandeur n'était
qu'un mot. Un autre mot, victoire : il fallait
arrêter la guerre ou la perdre. Les autres vinrent
tout seuls : quand, dans un dernier effort, nous
voulûmes attirer les U. S. A. dans le conflit,
nous jugeâmes bon d'oublier que nous nous y
étions jetés en partie pour nous affirmer contre
eux; personne ne parla plus d'expédition coloniale; le Français devint la sentinelle d'Occident,
il défendit au Viet-nam les valeurs chrétiennes
et gréco-latines contre l'antéchrist Staline et les
barbares slaves. Nous avions décollé, filé dans
le rêve pour fuir l'intolérable vérité. Le rêve
tourne au cauchemar depuis quelques années
mais nous préférons les terreurs de la nuit aux
hontes de midi.

L'Armée a vécu plus intensément cette aventure mais, en gros, de la même façon. La défaite-
éclair de 1940 l'avait frappée de stupeur. Depuis,
chacune des guerres qu'elle a faites lui est appa-
rue comme la revanche de la précédente. Les
officiers n'aimaient pas les guérillas d'Indochine
mais ils se jetaient dans la bagarre avec une
sombre passion. Or cette revanche fut une
défaite. Ce ne fut pas leur faute : ils se sont mon-
trés toujours courageux, parfois héroïques. Mais
l'Assemblée ne fut pas coupable envers eux : ils
eurent les crédits, les armes. Les retards, les
erreurs n'ont d'autre origine que la distance.
En vérité, ils ont perdu cette guerre parce que
nous devions la perdre : que peut un corps
expéditionnaire contre la révolte d'un pays entier
lorsque ses bases « naturelles » sont à des milliers
de lieues?

Pourtant ils ont vécu cet éloignement comme une trahison; ils ont détesté la population civile parce qu'ils ne voulaient pas rougir devant elle. Personne n'eût même songé à leur faire le moindre reproche mais ils interprétaient nos regards, nos paroles, nos silences. Ce divorce entre des héros sans bonheur et la communauté nationale est à l'origine de nos embarras présents. L'Armée est blessée.

Elle se trouve coincée entre deux types de conflits — ceux de notre siècle — sans être armée vraiment ni pour l'un ni pour l'autre. Contre les guerres *populaires*, malgré l'immense effort de ces dernières années, que peut-elle? Lire Mao? Elle y apprendra que l'Armée révolutionnaire vit en symbiose avec la population. Que faire à cela? On peut créer des services psychologiques, des écoles de contre-guérilla; on peut assouplir au maximum la lourde machine militaire, employer les soldats comme firent les généraux de la Vᵉ Armée — à labourer, à semer, à secourir le paysan. Après? Croit-on qu'on changera les cœurs? Sans la population civile, il se peut qu'on ne perde pas la guerre, ce qui est sûr c'est qu'on ne la gagnera pas.

Mais si, d'autre part, un conflit mondial devait éclater, la pauvreté de nos ressources ne donne guère de chances à nos militaires. Les missiles, les fusées intercontinentales, les engins téléguidés, en un mot la guerre presse-boutons disqualifie les armées classiques comme les machines semi-automatiques ont disqualifié les ouvriers professionnels. Le technicien l'emportera sur le militaire, et la mort atomique rapprochera le soldat du civil en les frappant ensemble et sans discrimination.

Trop riche pour gagner les guerres de pauvres, trop pauvre pour s'imposer dans une guerre de riches, l'Armée française a beau se moderniser, la politique et la technique la frappent au cœur. Elle demeure, en dépit d'elle-même, malgré la jeunesse et la bravoure de ses officiers, une sorte d'anachronisme. Elle s'interroge sur sa raison d'être : les conflits coloniaux lui répugnent, elle les a déclarés sans honneur; ce sont les seuls pourtant où elle puisse encore se défendre, contre-attaquer et, dans une certaine mesure, s'adapter aux tactiques de l'adversaire. Depuis la perte de l'Indochine, en un mot, il lui faut choisir entre la caserne ou l'Algérie. Son choix est fait : elle a rencontré là-bas le civil introuvable, l'Européen d'Alger, *son* civil; la symbiose du « fellagha » et des populations musulmanes a eu pour contrepartie celle de l'Armée française et de la population européenne. Politique par nécessité — parce que cette guerre est en même temps militaire et politique —, l'Armée finit avec l'aide des colons par se faire une doctrine : dans cette lutte révolutionnaire, elle était contre-révolutionnaire par devoir. Puis, comme il arrive souvent, elle s'est piquée au jeu et, pour combattre l'adversaire à armes égales, elle nomme révolutionnaire sa contre-révolution. Il lui importe peu de prendre le pouvoir elle-même, elle acceptera de régner par personnes interposées. Ce qu'elle veut c'est qu'on lui laisse son os : *l'Algérie française.*

Car elle s'acharne une fois de plus dans une guerre qu'elle devine sans espoir autant pour venger ses défaites imméritées que pour retarder le moment de ce qu'elle croit être son anéantissement. Non qu'elle souhaite guerroyer indé-

finiment. Elle a cru à l'intégration. Elle peut
concevoir un nouveau rôle du soldat : le pionnier
de l'Empire, tantôt se battant et tantôt prêtant
main-forte au paysan pour engranger la récolte.
Et tantôt — qui sait? — endoctrinant des vil-
lageois pour la bonne cause. Mais qu'elle y préserve la paix revenue ou qu'elle y fasse la guerre,
l'Armée, s'il faut l'en croire, ne quittera jamais
l'Algérie, son ultime justification, son *intérêt de
corps*.

Depuis près de cinq ans, elle pèse lourdement
sur le gouvernement de la Métropole, tous les
jours plus menaçante. Avec les colons — dont
les intérêts sont trop évidents et les moyens de
pression trop connus pour que je les rappelle
ici — elle fait bloc et leurs actions conjuguées
leur confèrent la toute-puissance. Et pourtant
les nouveaux Seigneurs de la Guerre restent
sombres : pour un officier, aucun succès politique
ne vaudra jamais une victoire militaire. Depuis
1939 — sauf quand la division Leclerc remontait
d'Afrique à Paris — la victoire n'a pas été une
seule fois au rendez-vous. Il y a, au fond de ces
colonels, ce défaitisme, ce vertige de l'échec
qu'on trouve à la base de tous les fascismes.

Vous le voyez : rien de plus mensonger que
ces histoires de système, d'Assemblée ingouver-
nable, etc. En fait l'exécutif est à Alger; il est
formé de civils et de militaires, il décide de la
France en fonction de l'Algérie. Pour des questions strictement métropolitaines, on nous lais-
sait jusqu'au 13 mai dernier une manière d'autonomie. Aujourd'hui cette autonomie nous est
elle-même contestée. Et sans doute, l'Armée,
presque tout entière absorbée par la guerre — et
d'ailleurs divisée — ne peut pas grand-chose.

Mais, bien que ses moyens soient restreints, du moins reste-t-elle la seule force cohérente et organisée.

Il aurait fallu une gauche unie : rien de plus. C'était trop demander. En séparant les partis ouvriers par une barrière de haine et de feu, la même raison qui nous a précipités rageusement dans l'aventure coloniale — les blocs, la guerre froide — nous ôtait le moyen de nous en sortir. L'U. R. S. S., les U. S. A., les nations de Bandoeng : il se lève partout à la fois — Est, Sud, Ouest — le vent qui, depuis douze ans, souffle en tempête sur la France. Dans le moment où les peuples colonisés réclamaient leur liberté, la guerre froide émiettait la seule majorité qui pût la leur accorder.

Voilà toute l'histoire : une situation qui se détériore sans cesse — qu'il s'agisse de l'Indochine ou de l'Algérie — et une majorité impuissante, terrorisée par les colons, les communistes et les militaires, qui temporise sans cesse et remet de jour en jour ses décisions jusqu'à ce qu'elles lui soient imposées par les circonstances elles-mêmes.

Un pays humilié éreinté, miné par les dissensions, qui s'enfonce, par disgrâce et bouderie, dans des guerres sans espoir et se dégrade chaque jour un peu plus, en vendant sa souveraineté puis en déposant la gerbe de ses libertés entre les pieds bottés des militaires.

Un pays paralysé qui se noie dans le rêve et dans le ressentiment. Un pays arrêté, à l'économie périmée, qui a dû attendre jusqu'en 1949 pour renouveler son équipement et qui l'a fait au petit bonheur sans trop se soucier des marchés qui absorberaient l'excédent de sa production. Un pays stratifié, transi de méfiance et de morosité, qui répétait sans cesse et non sans fatuité : « J'ai rendez-vous avec l'Histoire! » et qui s'est aperçu que l'Histoire lui avait collé un lapin. L'Assemblée? Bah! Elle est à son image. Si vous voulez la changer, changez d'abord le pays. Et certes *nous* pouvons le changer; *à nous tous*, en prenant ses maux à leurs racines : car le pays, c'est nous.

Comprendre que la grandeur d'une nation ne se mesure pas à la quantité de sang qu'elle fait couler mais au nombre des problèmes humains qu'elle résout; arrêter les hostilités sur-le-champ, négocier, reconsidérer avec leurs représentants la question des pays associés; reconquérir notre souveraineté perdue et travailler à l'éclatement des blocs, c'est-à-dire à la paix; rapprocher tous les hommes de gauche et les réconcilier sur un programme établi en commun; arrêter l'hémorragie des devises en donnant à la France une économie complémentaire des autres économies européennes, pousser la grande industrie à accroître la productivité et lutter par tous les moyens pour que l'accroissement de tant de production profite d'abord et surtout aux travailleurs, briser — par le mouvement démographique que suscitera la réorganisation de l'économie — les strates qui séparent les groupes et les butent sur d'inertes antagonismes; balancer les disqualifications du travail que risque d'opérer l'élévation de la productivité par un système de requalifications et, par un jeu de classements et de reclassements, diminuer sinon supprimer les conflits d'intérêt qui divisent la classe ouvrière; développer la culture scientifique, littéraire,

artistique et *politique* dans les classes sociales
les plus défavorisées, etc., créer un enseignement agricole, tout spécialement dans le Centre
et le Sud de la France, accroître la productivité
agricole dans ces mêmes régions en incitant, là
où le terrain le permet, les communautés agricoles à faire l'acquisition collective d'engins mo-
torisés, etc. En dix ans, la physionomie de la
France ne sera plus la même : le tertiaire, aujour-
d'hui hypertrophique, se sera dégonflé, le primaire aura diminué d'un tiers, le secondaire sera
plus homogène et son niveau de vie plus élevé.
Si *nous* faisions cela nous-mêmes et si nous le
faisions en dix ans, il nous serait peut-être permis de dire sans trop de vanité que la France
est un grand pays.

Mais si j'esquisse en courant les grandes lignes
d'un programme, ce n'est pas pour les proposer
aujourd'hui. C'est pour demander aux républicains qui vont porter dimanche leur suffrage à
de Gaulle : Est-ce à cause de *cela* que vous allez
voter pour lui? Lui demandez-vous des logements, des tracteurs, des écoles, la réorganisation de l'économie, un pacte d'alliance avec les
peuples d'outre-mer? Je sais déjà que la réponse
est non.

Pourquoi donc attendriez-vous de lui ce qu'il
n'a jamais promis? Pourquoi prétendriez-vous
voter pour un programme quand votre bulletin
s'adresse directement à l'homme?

Vous me répondrez que cet homme est capable
en trois ans de réaliser des projets plus nombreux
et plus ambitieux que la Quatrième n'a fait en
treize ans. Je vous croirais si j'avais le commencement d'une preuve. Mais votre candidat est
plus fameux par le noble entêtement de ses refus

que par l'ampleur de ses réalisations économiques et sociales.

La vérité, c'est que vous choisissez l'action
pure, c'est-à-dire l'individu soustrait à tous les
contrôles, par dégoût de l'abject marécage où
nous barbotons depuis la Libération. Mais j'ai
tenté de montrer que les causes étaient objec-
tives et profondes et que les remèdes devaient
l'être aussi. On ne changera pas la France en
renouvelant sans fin l'équipe dirigeante. Tant
que les infrastructures demeureront ce qu'elles
sont, le système demeurera ce qu'il est. Et je
me dis tout d'un coup que, cette impuissance
dont vous avez horreur, vous l'attribuez bien
vite à l'Assemblée mais qu'il se pourrait bien
avant tout que ce fût la vôtre et que vous la
projetiez sur les autres pour vous en délivrer.

J'ai interrogé bien des gens, ces jours-ci. Les
uns voteront pour le général de Gaulle, les autres
s'abstiendront. J'ai voulu savoir ce qu'ils atten-
daient de lui — ses partisans, bien sûr, mais les
abstentionnistes aussi, qui nourrissaient pour lui
un préjugé favorable.

La guerre d'Algérie, par exemple? Qu'espé-
raient-ils? Qu'exigeaient-ils? Fallait-il faire la
paix? Ce mot de « paix » les déconcertait : ils le
trouvaient brutal. La paix? C'est trop s'engager.

Ils disaient : « La fin de la guerre. » Ils se mettaient les mains sur les oreilles et criaient : « Que
ça finisse! que ça finisse! Qu'on n'en entende
plus parler! »

Je leur faisais remarquer qu'il n'y avait que
deux solutions concevables : l'écrasement du
F. L. N. (à condition qu'il fût possible) ou les
négociations.

La première solution ne leur déplaisait pas : pourvu qu'elle fût rapide.

Je disais : « Il faudra faire un gros effort : les militaires auront besoin d'argent, d'armes et d'hommes. »

Aussitôt, ils disaient : « Non. Non, non. Plus un homme, plus un sou. Ces pauvres gosses qui partent tous; et les prix! et les impôts! »

Alors, disais-je, cela peut durer longtemps.

Ils redevenaient enragés : « Déjà que ça dure depuis trois ans et plus. Non, non. En vitesse. »

Donc, il fallait négocier. Mais ils répondaient tous en d'autres termes ce que de Gaulle a dit à Rennes : « Indépendance, non. On n'abandonne pas un million de compatriotes, cela ne se fait pas. Intégration : impossible; on payera pour la guerre et on payera pour les assurances sociales et les allocations. Et puis ils n'en voudraient pas, les cochons! »

Ils avaient dit « les cochons ». Sans penser à mal et sans antipathie. Il me fut difficile, d'ailleurs, de leur faire préciser leurs sentiments sur les Nord-Africains. Ils disaient : « Des chiens enragés, ils tirent sur n'importe qui, qu'on les rembarque, ils n'ont rien à faire ici. » Et puis un moment après : « On comprend qu'ils se soient rebiffés. J'ai une belle-sœur qui vit là-bas, elle m'a dit qu'ils étaient... mais d'un misérable!... »

Et revenant sur les attentats : « C'était fatal, c'est notre faute. On a voulu les avoir, le 13 mai; ils ont dit non! » etc.

L'ensemble de ces réponses m'a éclairé : la contradiction n'est pas, aujourd'hui, en France, entre les partisans de la guerre et ceux de la négociation, entre les ennemis jurés des Arabes

et ceux qui cherchent à les comprendre. Elle est
au cœur des individus, qui veulent tout à la fois.
Il m'a semblé, d'ailleurs, qu'ils eussent souhaité
— s'ils l'avaient osé seulement — qu'on octroyât
aux Algériens l'indépendance, ne fût-ce que pour
le plaisir de ne plus en entendre parler. Mais justement : ils n'osaient pas. Ils avaient peur. De
leurs voisins, des espions, je ne sais trop. Mais
surtout d'eux-mêmes. Ils avaient entendu parler
des Juifs qui bradent les empires, ils ne voulaient
pas ressembler à ces traîtres. Comme disait un
jeune homme, l'autre jour, dans le train : « L'Algérie, moi, j'en ai rien à foutre, et puis j'aime
pas la colonisation. Mais c'est notre patrimoine.
Un patrimoine faut qu'on le garde, même si ça
ne rapporte rien. »

Ainsi ces gens vont voter pour *l'homme efficace*, pour celui qui doit et peut résoudre tous
nos problèmes. Mais ils ne savent même pas ce
qu'ils voudraient qu'il fît.

On peut admettre qu'ils espèrent la solution
la plus radicale. L'indépendance, par exemple.
Ils seront bien un peu scandalisés mais ravis, au
fond, qu'il leur force la main : « Puisque tout ce
qui vient de lui est sacré, l'indépendance, dont
la seule idée me semblait sacrilège, est la solution la plus juste et la plus française. » Est-ce
qu'ils ne ressemblent pas trait pour trait aux
gens du système : tous ou presque tous, les députés souhaitaient la paix et votaient la guerre.

Et je commence à me demander si ces républicains gaullistes ne sont pas responsables de cette
Assemblée déchue qu'ils détestent.

Dans les rues, on entendait les biaggistes ou
les gars de Le Pen. Ils parlaient haut, ils criaient :
« Algérie française! » Mais combien étions-nous

à crier : « Paix en Algérie »? Les députés sont fascinés par le nombre : c'est une manie d'élus. Vous qui leur reprochez aujourd'hui de n'avoir su ni faire la paix ni gagner la guerre, que n'êtes-vous allés crier sous leurs fenêtres : « Négociez! »; que n'avez-vous protesté contre les tortures, contre les jugements sommaires, les expéditions punitives, les disparitions, les camps? Ceux qui voteront pour de Gaulle, c'est leur propre paralysie, leur propre pusillanimité qui les dégoûtent et qu'ils veulent fuir. Et d'ailleurs, il y avait à l'Assemblée des hommes qui voulaient la paix et qui le disaient tout haut. Si nous les avions soutenus, nous tous, au lieu de nous empêtrer dans nos contradictions...

Je remarque d'ailleurs que les apolitiques voteront pour de Gaulle : ceux-là mêmes, peut-être, qui se sont abstenus, aux dernières élections. Parmi eux, on rencontre des indifférents, bien de chez eux, sans passion, qui veulent la tranquillité sans plus. Mais il y en a d'autres auxquels on ne peut penser sans honte.

A l'occasion d'un article où j'expliquais pourquoi je voterai *non*, une lectrice m'écrit pour me dire qu'elle votera *oui*, bien qu'elle paraisse d'accord avec moi sur l'ensemble : « Le *oui*, il y aura des hauts et des bas, mais la vie continue; le *non*, c'est l'aventure. »

Et voilà le crime — non de la Quatrième mais de notre bourgeoisie, depuis cent cinquante ans : il y a des citoyens de deuxième classe, sans espoir, et depuis si longtemps qu'ils se tiennent eux-mêmes pour tels. Ils ont si peu de droits, si peu d'influence, ils pèsent si peu dans le monde que les bouleversements politiques ne les touchent pas.

Ma correspondante pense qu'elle n'a rien à gagner à l'effondrement de la République, mais aussi qu'elle n'a rien à y perdre. On lui ôtera ses libertés civiques, on rognera, peut-être, sur ses droits syndicaux, on ne lui laissera que le droit de se taire. Qu'importe : elle vote pour la dictature. Cela prouve qu'elle se taisait déjà, qu'elle s'est toujours tue ou qu'on ne l'écoutait pas. Personne. Jamais.

Si des millions d'hommes aujourd'hui sont indifférents au Référendum, s'ils ne se soucient pas des pouvoirs respectifs du Président et du corps législatif, c'est notre faute, c'est que nous n'avons jamais su leur faire entendre qu'ils agissaient sur les autres hommes par le simple bulletin qu'ils déposaient dans l'urne et que l'activité politique du citoyen est l'affirmation la plus entière de sa liberté. C'est aussi qu'ils ne comptent pas, qu'ils ont toujours compté pour du beurre et qu'ils se sont arrangés de cette vie qu'on leur faisait, tant bien que mal. Ils voteront « oui » le 28 septembre : pourvu qu'ils touchent en janvier 1959, comme en janvier 1958, leur maigre salaire, ils penseront qu'on ne leur a rien pris.

Mais leur modestie même les abuse : on les atteindra dans leur salaire; la guerre continuera, les prix monteront. Ils ne sont rien, aujourd'hui, que ces quelques milliers de francs, leur *réalité objective*; demain le franc baissera, ils seront moins encore.

Indifférence ou impuissance, tous ces apolitiques votent pour l'apolitisme, comme si c'était un programme qu'ils voulaient imposer. En disant « oui », ils poussent leur attitude à l'extrême jusqu'à renoncer à tous leurs droits

civiques. Ils se démettent du soin de la chose
publique entre les mains d'un homme qui fera
tout pour eux. Les voilà simplifiés : ils demeurent
époux, fils, employés, champions de billard —
mais ils ne seront plus citoyens. Ils se taisaient,
on leur montre une muselière; ils votent pour
qu'on la leur mette au plus vite : l'avantage,
c'est qu'ils ne *pourront plus* parler.

Si je cherche les motifs d'une conduite aussi
paradoxale, j'en découvre un tout aussitôt : l'impuissance objective de la collectivité française
s'est profondément gravée en chacun de nous
comme son impuissance personnelle à modifier
le destin de son pays.

Il convient de rappeler ici l'enquête sur la
Nouvelle Vague et ces réponses qui ont frappé
les lecteurs de *L'Express :* « Je n'agis pas sur
Nikita, je n'ai pas d'influence sur Ike, ce n'est
pas moi qui donne le prix Nobel. »

En fait, nous aussi, quand nous avions vingt
ans, nous aurions pu répondre : « Je ne donne
pas le prix Nobel, je n'ai pas d'influence sur Staline. » Mais nous pensions avoir des destins à
l'échelle humaine. Nous n'agissions pas sur Staline, mais nous n'imaginions pas, alors, que Staline pût agir sur nous.

Il y avait la grande affaire : l'Allemagne, dont
on craignait déjà qu'elle ne réarmât, mais cela
ne nous effrayait pas. Il nous semblait justement que c'était *à nous* d'empêcher la future
guerre franco-allemande ou de la gagner. Nous
n'avions pas le sentiment que nous dépendions
de la planète entière.

La politique des blocs et la guerre froide,
tout comme l'extraordinaire développement des
moyens de communication font qu'un jeune

Français est d'abord planétaire; il appartient à ce « One World » dont parlent les Américains. Mais justement pour cela, la France rapetisse, sa fragilité se découvre et puis, à ce qu'il semble, l'Histoire se fait ailleurs.

A quoi bon tenter d'exercer en France ses droits de citoyen, à quoi bon voter, si la France n'est plus qu'un objet inerte dont les mouvements et la position sont conditionnés par des forces extérieures? La timidité, la gravité, l'application de ces jeunes gens ne sont que la conscience qu'ils prennent de leur impuissance sociale. Ils s'absorbent dans le travail, dans les soucis professionnels, dans la vie familiale. La technique aussi les passionne : elle est leur unique prise sur le monde. La politique ils s'en moquent : si l'on était russe, peut-être, ou chinois...

Derrière cette sagesse précoce qui n'est même pas de la résignation, on devine une sorte d'angoisse. Ils vivent en liberté, mais sans pouvoir, dans un monde apocalyptique que le stock des bombes américaines suffirait amplement à faire sauter, sous un ciel sillonné de spoutniks. Les journaux, tous les trois mois, prophétisent la prochaine et dernière mondiale en énumérant les conséquences que vous savez.

Cette peur apparaît nettement dans la réponse d'un jeune employé : « Heureux? Où ça? Ah! en famille. Eh bien oui! on n'a pas à se plaindre, il y a ma femme et les fillettes. C'est-à-dire qu'on n'a pas le droit de se plaindre parce qu'on en voit tant d'autres qui sont tellement plus malheureux. Ah! par exemple, quand je pense à l'avenir, avec tout ce qu'on nous prépare, eh bien, j'aime autant vous dire que je ne suis pas heureux. Tous les soirs, avant de se coucher, ma

femme regarde par la fenêtre, des fois que les
spoutniks passeraient. Quand elle voit que ce
n'est pas pour ce soir-là, elle se calme, elle arrive
à s'endormir. »

Depuis Hiroshima, on nous agresse, on nous
irrite, on nous inquiète sans cesse. J'imagine
qu'il y a dans chaque cerveau une meurtrissure,
un bleu qui n'est autre que la terreur au repos.
Beaucoup pourraient répéter aujourd'hui ce mot
de Hobbes qui date de trois siècles : « L'unique
passion de ma vie a été la peur. »

Peur et impuissance, peur par impuissance,
impuissance par peur, tout nous ramène dans ce
Référendum à prendre le parti de l'impuissance
et de la peur. Sans la petite meurtrissure céré-
brale qu'ont provoquée cent traumatismes divers,
le chantage aux paras — argument de base pour
la propagande gaulliste et même, si je puis dire,
unique argument — n'aurait pas eu tant de succès. Nous aurions eu honte, quand j'avais trente
ans, de céder à ces menaces d'ivrogne. Entendez
bien : nous n'étions pas plus courageux. Simplement plus frais. Moins endommagés. Des
puceaux de la peur en quelque sorte.

Aux jeunes d'aujourd'hui on a déjà fait le
coup de l'Armée Rouge, de la bombe, celui des
soucoupes volantes et des Martiens, et, pour
finir, voilà le coup des paras. N'importe, la modestie a des avantages : ceux qui voteront « oui »,
dimanche, proclameront leur frousse sans ver-
gogne, offrant au Gentil Seigneur leur amour et
foi en échange de son aide et protection. En
même temps qu'ils reconnaissent leur impotence,
ils portent à l'absolu ses pouvoirs. C'est le Grand
Efficace. Ne nous étonnons plus de ces « oui »
sur les murs, de ces pâmoisons un peu cagotes :

accepter pour l'amour du Prince la Constitution qu'il nous octroie et qui nous muselle, c'est
renoncer une fois pour toutes au contrôle de
l'exécutif par le législatif et, ce qui est plus
grave, de l'action par la raison.

Ces activistes de l'impuissance comptent sur
le Prince pour résoudre les problèmes qu'ils ne
veulent même pas se formuler, pour prendre à
leur place des décisions qu'ils éludent, pour surmonter les contradictions qui les paralysent. Ils
lui donnent ce blanc-seing *parce que c'est lui*.
L'action du Prince, envisagée de la sorte, rede-
vient l'unique, l'ineffable et l'irrationnel. Allons
plus loin : c'est l'incommunicable par rupture
réciproque des communications.

Celui qui déclare *aujourd'hui* : « De Gaulle
est le seul qui... » ne dit rien de raisonnable : il
ne s'agit plus d'un rapport *constaté*, tel que la
popularité qui, d'une certaine manière, est me-
surable, mais d'une qualité unique et incompa-
rable qui retranche de Gaulle de notre monde.
Dégoûtés de l'inefficace, nos républicains apolitiques disent « oui » à l'irrationnel, au sacré et
du même coup « non » à l'égalité.

S'il existe un homme, dans l'espèce humaine,
qui a des lumières que lui seul peut avoir, si ces
lumières lui donnent le droit d'agir, fût-ce en bon
père, sur nos destins, si ses actes sont toujours
valables et bons du seul fait qu'ils expriment son
essence, alors l'espèce humaine se désintègre en
chaîne : plus un homme; un surhomme et des
animaux.

De Gaulle est le protecteur de l'homme planétaire — je veux dire du Français —, il représente
pour lui l'incarnation vivante de nos frontières,
il l'entoure et le protège, il lui cache le monde, il

le berce de ces mots si rassurants : « La France,
la France seule... » Mais, du même coup, notre
humanisme, l'électeur et le Grand Élu joindront
leurs efforts pour le briser en mille morceaux.
Arbitraire, efficace pur, violence, qualité ineffable, connaissances intuitives qui sont le partage d'un seul, je reconnais là tous les traits de
ce qu'un sociologue allemand, Weber, appelait
pouvoir charismatique — expression qui dut sa
renommée, entre 1933 et 1945, aux événements.
   Faut-il en revenir là ? Voter pour la grâce, c'est
s'amoindrir, c'est reconnaître à l'autre non pas
une supériorité de talent, de moyens ou de vertus, ce qui serait parfaitement admissible, mais
une *supériorité d'espèce.* S'il existe au milieu des
hommes une espèce supérieure à l'homme, alors
c'est elle qui est l'espèce humaine, et ceux qui
n'en font pas partie sont des chiens.
   Est-il si nécessaire, ô républicains gaullistes,
de vous ravaler au niveau de la bête ? Passe
encore si c'était dans l'enthousiasme. Mais notre
indifférent planétaire, il veut la paix chez soi.
Il croit au chantage des paras, il craint qu'on
ne lui casse des vitres ou qu'on ne jette dans sa
rue des grenades. Il est celui qui dit, à la fois :
« De Gaulle est le seul qui puisse... » et « De
Gaulle, c'est le moindre mal. » Cette servilité
morne me consterne. Finalement, c'est Massu qui
compte d'abord : on n'en veut pas. Le pseudo-
oui est en réalité un simple « non » au général
parachutiste. Mais là-dessus, comme dans tout
chantage bien organisé, de Gaulle apparaît
contre Massu et le sacré paraît avec lui, à titre
de moyen seulement. Quant au républicain gaulliste, politique d'un jour et contre la politique,
il retournera, le 29 septembre, à son fidèle silence,

à sa tremblante liberté, aux sages désordres de sa vie privée.

Il se trompe. Ce n'est pas un pouvoir que ce vote de confiance communique à de Gaulle, c'est une impuissance. Un leader politique a de la force quand il est soutenu par des pairs qui lui ont fait confiance *sur un programme* et qui le pressent de le réaliser. Mais l'élu de l'impuissance, qui se veut impuissance, il faut qu'il refuse l'élection ou qu'il devienne impuissant. Il veut être l'élu de tous : parmi ceux qui lui porteront leurs suffrages, il y en a qui ont l'intention avouée de lui faire couvrir leur fascisme, et d'autres, les gaullistes de gauche, qui lui demandent d'adopter une politique, sinon de gauche, du moins libérale et sociale.

Qui l'emportera? Je vais le dire. Mais si l'on admet un instant que ce sont les fascistes, et si l'on suppose — ce que je considère comme probable — que de Gaulle désapprouve cette forme brutale et vulgaire d'autoritarisme, peut-on espérer qu'il trouvera du soutien chez ses électeurs neutralistes, parmi les « oui » du moindre mal? Pas un instant : ces gens ont fait serment de trouver bon par avance tout ce qu'il entreprend. Et puis ils se sont rendormis. Fascisme? Antifascisme? Ils n'ont pas d'opinion et personne ne leur a demandé d'en avoir une. Ils répondront mollement : « Oh! le fascisme *avec de Gaulle,* c'est le moindre mal. » Et l'on ira fort loin dans cette direction : quel que soit le massacre ou la Saint-Barthélemy organisés par ces *commandos,* on pourra toujours affirmer que les choses auraient été pires si de Gaulle s'était retiré.

La Quatrième est morte parce que les Français n'ont pas pris sur eux de s'unir, de réaliser des manifestations massives, d'arracher des promesses à leurs élus et de les aider à les tenir. Faute d'être plébiscité sur un programme d'action que ses électeurs l'auraient obligé à observer rigoureusement, de Gaulle, s'il est élu, restera en l'air. Ce grand corps flottera dans le vide, au-dessus de nous mais sans piédestal. Et puisque ses partisans se déchargent sur lui de leurs contradictions, c'est lui qui en hérite.

Pour ce qui est de la guerre d'Algérie, il est manifeste, à présent, qu'il hésite et temporise — ni plus ni moins que la plupart des Français. Les hommes du système ont été malicieux : ils avaient bien vu qu'il faudrait tôt ou tard prendre une décision radicale — pacification à outrance ou négociation. Ils ont procédé alors comme ils avaient fait après Dien-Bien-Phu : ils ont remis leurs clés et leurs pouvoirs à un homme d'action, ils lui ont souhaité bonne chance et s'en sont allés sur la pointe des pieds. Le système est mort, vive le système! Car le système, à présent, c'est de Gaulle. A lui tout seul.

Comment pourrait-il en être autrement? Il ne lui plaît guère d'être l'homme de la guerre à outrance mais moins encore peut-être de se faire appeler bradeur. S'il est plébiscité, il sera, comme l'Assemblée, représentant du peuple français. Mais, en même temps, il tient sa force réelle de l'Armée. Sans le chantage aux paras, il serait encore à Colombey. Cette unanimité muette — à supposer qu'elle se fasse sur son nom — est par elle-même une énigme.

De fait, le gouvernement de Gaulle offre tous les caractères qui nous ont paru définir le système. Il remet à demain, c'est-à-dire au 28. Le 29, s'il est élu, il attendra les élections à la nouvelle Assemblée et puis sa propre élection. Et cette temporisation traduit justement son impuissance : il élude, il s'échappe mais la guerre d'Alger vient le rejoindre à Paris. La *question* est appliquée aux Nord-Africains dans plusieurs villes de la Métropole.

Je suis profondément convaincu que le général de Gaulle a la torture en horreur, qu'il juge qu'elle déshonore l'Armée et qu'il a, en Algérie, rappelé à certains officiers que les téléphones de campagne sont faits pour téléphoner. Que fait-il cependant? Que peut-il faire? Il se tait. Donc il couvre. Comme Gaillard.

D'ailleurs, nous vivons, aujourd'hui comme avant-hier, en pleine irréalité; l'impuissance et l'abstraction conduisent une fois de plus au verbalisme. L'ancien système cherchait le mot qui escamote en prétendant définir. Le new-look du système cherche l'équivoque, la phrase qui présente un double sens, celle qui paraît présenter un double sens et qui n'en a aucun, ou la série de phrases dont chacune en particulier semble intelligible, mais dont la somme est égale à zéro.

Ou bien encore on nous fait le coup du mot qu'on ne prononce pas. Il est dans toutes les gorges, quand on écoute le général, on l'attend, on l'espère, on le craint; chaque phrase est si bien faite qu'elle paraît veuve de lui : il a dû s'en échapper. A la fin, il flamboie dans les yeux, il vibre dans les crânes, la voix s'éteint, les uns disent « merde », les autres « loué soit Dieu ». Le général s'en va, la presse du lendemain soulignera qu'il n'a pas dit une fois le mot d'intégration. Et quoi de plus? Pas de ministère tournant, bien sûr; encore qu'on ne puisse jamais

savoir, avec le Janus bifrons. Mais des compromis partout et à chaque instant : Soustelle et
Mollet en ministres, exactement comme le futur
président du Conseil constituait son équipe pour
plaire à tous, avec les raffinements d'une maî-
tresse de maison.

Eh bien, dira-t-on, le système a gagné! Qu'importe si de Gaulle est un émincé de République :
il a grande allure, il ne sera pas plus méchant
que nos députés; votons pour lui. Justement non.
D'abord, à présent *nous ne voulons plus* du
système, qu'il soit condensé ou déplié. Il fallait
le défendre contre les coups d'État, parce qu'il
reposait sur des institutions réelles et librement
acceptées. Mais le coup d'État s'est fait à l'intérieur du système par les bons offices de MM. Pflimlin, Mollet, Pinay, Coty. Parfait : on ne revient
pas en arrière. Ce qu'il nous faut à présent, ce
sont d'autres hommes, d'autres regroupements,
une autre majorité, un programme. Et puis surtout, rappelez-vous bien que la quatrième République est morte de son impuissance.

Et que cette impuissance lui venait du fait
qu'un général en visite avait bondi sur l'exécutif
et l'avait emporté à Alger. Le système, c'était
l'apparence. Depuis trois ans déjà, les colonels
et les colons, c'était la réalité. Du moins, Mollet
pas plus que Gaillard n'avait été mis au pouvoir
de force et sous la menace d'un putsch militaire.
Le système new-look est né d'une émeute algé-
roise et d'un chantage aux paras. Moch a révélé
récemment qu'une bonne partie de l'Armée métropolitaine avait pris ouvertement parti pour
de Gaulle. Il nous a donc été imposé par l'Armée.
Je ne le répète pas par récrimination : on juge
les choses selon la manière dont elles tournent.

Mais, justement, elles ont très mal tourné : depuis le mois de juin, le général de Gaulle est allé de concession en concession. A l'heure qu'il est, le gouvernement français est entièrement dans les mains de l'Armée; il y a quelques jours à peine, le président du Conseil avait cette phrase significative : « Il ne faut pas se dissimuler que la guerre d'Algérie durera longtemps. »

Cela vaut mieux que d'invoquer le « dernier quart d'heure »? D'accord, mais cela nous apprend aussi que de Gaulle a choisi la guerre à outrance. Il ne l'a sûrement pas choisie de gaieté de cœur, mais parce qu'il ne pouvait pas s'en dispenser. On dira peut-être que c'est une raison de plus pour voter « oui » : « Il aura le soutien des masses françaises. » Mais précisément ce soutien muet ou quasi muet, ces bouches qui s'ouvrent pour laisser passer un seul mot aussi ambigu que les propos du général de Gaulle lui-même, tout cela ne sert à rien. L'ambiguïté se retourne contre celui qui l'a enfantée.

Celui-ci dit « oui » parce qu'il veut dire « non » (Non aux colonels)? Celui-là dit cet *autre* « oui » pour cet *autre* « non » (Non à de Gaulle et au système, bientôt à Soustelle). *Qui* dit « oui » pour « oui »? Et qu'est-ce que cela veut dire? Faute de renseignements, ce monceau de bulletins n'est pas utilisable; il dissimule trop de haines, il sent *déjà* la bagarre. Les seuls qui peuvent profiter du « oui », s'il est massif, ce sont les fascistes. Ils ne s'interrogent pas sur le sens du vote mais ils penseront simplement que la victoire leur donne un peu plus de temps, soit pour engager de Gaulle jusqu'au cou dans la guerre, soit pour mettre en place des organismes et des dispositifs qui permettront un jour de le renverser.

Républicains gaullistes, vous votez contre le
système — et vous plébiscitez le système ressus-
cité. Vous votez pour de Gaulle contre Massu —
et vous donnez le temps aux colonels d'organiser un putsch contre votre élu.

Ne l'oubliez pas; toute l'ambiguïté vient de là :
de Gaulle n'est pas fasciste, c'est un monarque
constitutionnel; mais personne ne peut plus
voter *pour* de Gaulle aujourd'hui : votre « oui »
ne peut s'adresser qu'au fascisme.

Comprenons enfin qu'on ne tire pas un pays
de son impuissance en confiant la toute-puissance à un seul homme. La seule façon d'éviter
à la fois ces doucereuses monarchies qui tournent
à vide et le coup de main des *commandos* d'Alger,
c'est que *nous* nous tirions nous-mêmes de notre
impuissance, c'est que *nous* concevions un programme, une alliance des partis, une tactique
défensive et offensive contre tous ceux qui voudraient attaquer les Français. « Oui » c'est le
rêve; « non » c'est le réveil. Il est temps de savoir
si nous voulons nous lever ou nous coucher.

L'Express, n° 380, 25 septembre 1958.

L'ANALYSE DU RÉFÉRENDUM

« L'EXPRESS ». — *Dans son dernier discours, le général de Gaulle a annoncé que, s'il y avait une majorité de « non » au Référendum, ou même une majorité de « oui » insuffisante à ses yeux, il se retirerait. C'est une menace à laquelle l'opinion est évidemment sensible. Qu'en dites-vous?*

JEAN-PAUL SARTRE. — Il y a dans ce chantage quelque chose de très étonnant car il ne fait qu'exprimer ce qui serait, dans un régime démocratique normal, une simple évidence. Il va de soi que si le pourcentage des abstentions et des « non » ajoutait à une politique déjà difficile à appliquer la difficulté supplémentaire de ne pas être très populaire, le chef d'un gouvernement démocratique pourrait être amené à se retirer. Ce qu'il ne ferait en aucun cas, c'est de l'annoncer à l'avance et d'en faire une menace, comme si c'était une conduite extraordinaire. De Gaulle, lui, fait jouer l'aspect charismatique, l'aspect sacré de sa personnalité.

Nous retrouvons ici le même genre de menace que lorsqu'il a parlé d'autodétermination en annonçant en même temps que l'Algérie serait coupée en deux si ses habitants choisissaient l'indépendance. Il s'agissait d'offrir un libre choix en en supprimant la liberté, dès le départ, par des pressions extérieures.

C'est encore la même chose avec le Référendum puisque la question posée n'a aucun sens. Mettre en avant l'autodétermination et faire voter sur l'installation d'institutions provisoires en Algérie, cela revient à nous demander : « Êtes-vous pour une chose et pour son contraire? » C'est une pure mystification, car il est évident que les institutions que de Gaulle veut installer en Algérie ne peuvent servir qu'à préfabriquer l'autodétermination.

— *Mais peut-on demander à un chef d'État secrètement décidé à négocier d'abattre ses cartes avant la négociation? N'est-il pas normal qu'il accumule le plus grand nombre d'atouts possible avant d'aborder le stade final? Tous les ministres affirment aujourd'hui : « L'indépendance de l'Algérie, tout le monde sait qu'elle est acquise, et de Gaulle mieux que personne. Ce sont des considérations de tactique qui lui imposent cette procédure. »*

— C'est avoir perdu le sens de ce qu'est une consultation électorale. L'homme politique, par nature, est amené à des actions ambiguës. Il a affaire à une droite et à une gauche. Il est au milieu et cherche à ménager l'une et l'autre. Quand il s'agit d'une dictature, même anarchique comme la nôtre, on fait des concessions tournantes, c'est-à-dire que l'on donne tantôt à l'un, tantôt à l'autre — ce qui a pour effet de mécontenter tout le monde.

Mais un électeur n'est pas un homme politique. Voter, ce n'est pas faire de la politique, c'est approuver ou refuser une certaine poli-

tique dans ce qu'elle a précisément de non
ambigu. On ne doit pas dire à un électeur :
« Vous allez voter pour un homme qui se heurte
à telles et telles résistances, qui doit ménager
tels et tels groupes mais qui va être amené à
faire autre chose que ce qu'il vous demande
d'approuver. » Il faut lui présenter un choix
clair.

On nous dit aujourd'hui : « Si vous votez
pour les institutions provisoires, vous voterez
pour la négociation et l'autodétermination. »
Qu'est-ce que ça veut dire? Ou bien on vote
pour les institutions et, alors, l'autodétermination sera préfabriquée. Ou bien on vote pour
donner à de Gaulle l'autorité nécessaire pour
négocier. Dans ce cas, la question est mal posée.
Il fallait demander : « Voulez-vous d'une paix
négociée? » Dire « oui » aux institutions, ce n'est
absolument pas renforcer la position de de Gaulle
vis-à-vis de la droite et de l'Armée. Celles-ci
diront : « Les Français ont voté pour les institutions, bien sûr, mais pas pour que vous négo-
ciiez. » C'est ici que le machiavélisme se retourne
contre le Machiavel. Même si de Gaulle obtient
90 % des voix, ce seront des voix dont on pourra
interpréter comme on voudra le mandat puisqu'une seule réponse aura été donnée à deux
questions contradictoires.

— *En fait, il s'agit bien de donner à de Gaulle
la possibilité de poursuivre sa politique en lui
laissant le choix des moyens.*

— Cette politique, quelle est-elle? Elle consiste
à mettre en place en Algérie des institutions
provisoires, certains pouvoirs étant confiés à des
individus sélectionnés dans les deux communautés. Ces institutions — les événements d'Al-

ger et d'Oran viennent de le montrer — n'auront aucune autorité sur la population. Les
hommes qui accepteront d'y figurer seront consi-
dérés par la majorité musulmane, et probablement aussi par les Européens, comme des Quis-
ling. Leur autorité ne pourra donc s'appuyer que
sur la force. Pour cela, les harkis ne suffiront
pas. Il faudra l'Armée française.

Voter pour les institutions, en somme, c'est
donner à l'Armée française la possibilité de rester en Algérie non plus pour « pacifier », comme
elle le faisait jusqu'ici, mais pour préserver une
paix supposée acquise. Sur le fond, rien ne sera
changé. Le travail, pourtant, sera un peu diffé-
rent. Au lieu de tirer sur des hommes qui luttent
pour leur indépendance mais qui sont, après tout,
des combattants, au lieu de faire des besognes
de police qui la dégradent moralement mais qui
peuvent passer pour la recherche de terroristes,
l'Armée devra tirer, cette fois, sur des masses
désarmées. C'est ce qui s'est passé au cours des
dernières manifestations.

On a beaucoup parlé de la trentaine de morts
dont l'autopsie a prouvé qu'ils avaient été tués
par des civils. Mais, les chiffres officiels étant
truqués et les Européens eux-mêmes parlant de
500 morts au lieu de 150, il faut bien conclure
que ce sont les parachutistes qui en ont tué la
majorité. Nous aurons donc une Armée qui, sous
prétexte que la paix existe déjà, ou qu'elle est
en vue, sera obligée presque tout le temps de
tirer sur des manifestants désarmés.

On peut donc se demander si le Référendum
n'aboutit pas, en fait, à justifier le maintien
de l'Armée en Algérie tout en aggravant le caractère de son action. Peut-être de Gaulle ne s'en

aperçoit-il pas. Il est certain, pourtant, que l'Armée fait une grande différence entre le Référendum ét des négociations. Elle n'aurait pas eu, après l'annonce de négociations, l'attitude finalement consentante qu'elle a eue à l'égard du Référendum. Son souci étant de demeurer en Algérie, cela veut dire qu'elle considère le Référendum comme une opération nulle. Au pire, puisque le F. L. N. refuse d'entrer dans le jeu du général de Gaulle, la guerre continuera comme avant. Au mieux, l'Armée restera sur place, prête à tirer, le cas échéant, sur les masses.

Voilà les perspectives ouvertes par le texte qu'on nous demande d'approuver. L'électeur doit donc se demander simplement : « Est-ce que je veux cela ou est-ce que je ne le veux pas? »

— *Vous avez dit que la question posée était une mystification. Beaucoup de gens pensent, dans ces conditions, que l'abstention ou le vote blanc sont les meilleurs moyens de manifester leur refus d'entrer dans le jeu gouvernemental et de participer à une opération faussée au départ.*

— Pour une fois, je donne raison au gouvernement, contre les abstentionnistes. L'abstention, c'est un signe nul : on s'abstient aussi bien parce qu'on a la jambe cassée que parce qu'on n'aime pas le gouvernement ou qu'on se désintéresse de toute l'affaire. Le bulletin blanc reste aussi un signe ambigu. En fait, les gens qui se déplacent pour déposer un bulletin blanc dans l'urne, c'est qu'ils sont « contre » ce qu'on leur demande d'approuver. Alors qu'ils le manifestent clairement en votant « non »!

De Gaulle a très bien compris que l'abstention pouvait exprimer aussi bien l'incertitude, l'indifférence, que le « non ». C'est pourquoi, dans

son discours, il appelle les électeurs à ne pas
s'abstenir, pour ne pas risquer d'être confondus
avec ceux qui s'abstiennent pour dire « non ».
L'argument peut être retourné : tous ceux qui
envisagent de s'abstenir pour manifester leur
désaccord sur la politique de de Gaulle doivent
voter « non » pour que ce désaccord se manifeste réellement.

La meilleure manière de refuser le jeu truqué
auquel on veut nous faire participer, ce n'est
pas de dire « je ne joue pas » — parce que si
nous ne jouons pas, les autres joueront pour
nous — mais de dire « non », « non » à cet homme,
« non » au machiavélisme, « non » au plan qu'on
nous propose.

Le souci de ne pas « mélanger ses votes avec
ceux des ultras » me paraît totalement antidé-
mocratique. Le jeu même de la démocratie
veut que les gouvernements soient renversés
dans les Assemblées par l'addition des voix
des deux oppositions. Cette coalition a toujours existé. Pourquoi la refuserait-on aujour-
d'hui?

J'irai plus loin : le « non » des ultras est un
« non » valable. Il est valable parce qu'il signifie : « La politique de de Gaulle ne vaut rien.
Elle ne vaut rien parce qu'il faut choisir entre
la braderie et la guerre à outrance. » Nous ne
disons pas autre chose, sauf que nous choisis-
sons, nous, ce qu'ils appellent la « braderie » et
qui n'en est pas une parce que ce sont eux qui
bradent la France en ruinant à la fois son crédit
intérieur et sa position internationale. Mais il
y a toujours quelque chose de vrai dans la coalition de deux oppositions : elle signifie que le
Gouvernement applique une politique ambiguë

et hypocrite qui ne satisfait personne. C'est le cas aujourd'hui.

Nous savons très bien, d'ailleurs, que si les « non » étaient massifs, ce serait la gauche qui les aurait fournis, non les ultras, parce que les formations de gauche ont ouvertement demandé le « non » à leurs adhérents et que l'extrême droite est numériquement très faible en France. Alors, imagine-t-on une Assemblée où les communistes refuseraient de renverser un gouvernement parce que l'extrême droite s'apprête à voter comme eux? Ce n'est même pas pensable. C'est pourtant la situation actuelle.

Si de Gaulle partait sur un trop fort pourcentage d'abstentions, il laisserait une situation politique sans clarté. S'il part sur une majorité de « non », la situation sera parfaitement claire : il partira parce que la France n'aura pas voulu de sa politique. C'est pourquoi la seule réponse possible est à mon avis le « non ». On ne peut pas se défiler en disant : « Je ne suis pas dans le coup. » On y est. Et du moment que le piège est en place, la seule façon de ne pas y tomber, c'est de dire « non ».

— *Les adversaires du « non » accusent la gauche de faire la politique du pire en acceptant le risque d'un chaos dont les ultras seraient probablement les bénéficiaires immédiats.*

— Il faut regarder les choses comme elles sont : depuis deux ans, nous rêvons. C'est un rêve qui a commencé rose pour certains mais qui tourne peu à peu au cauchemar à mesure qu'ils découvrent que seule une épreuve de force pourra régler la question de la guerre d'Algérie et celle du destin politique de la France. Cette épreuve de force a été différée

pendant deux ans par le prétendu arbitrage de
de Gaulle. Mais elle aura lieu.

Le malheur, c'est que cet arbitrage n'a pas
joué en faveur de la gauche mais en faveur
de la droite. Pourquoi? Parce que l'action des
ultras est essentiellement clandestine — formation de groupes de combat, constitution de stocks
d'armes, noyautage des administrations, etc. —
et que la neutralité bienveillante de la police
lui a permis de se développer.

L'arme de la gauche, au contraire, c'est l'action des masses qui font des grèves, qui manifestent, qui descendent dans la rue. Les partis
de gauche n'ont pas su, ou n'ont pas voulu,
déclencher cette action — sans doute très impro-
bable il y a deux ans, mais qui le serait peut-
être moins aujourd'hui — alors que les réseaux
ultras ne cessaient de recevoir des renforts et
de se consolider.

Il ne faut pas croire que deux ou trois années
de plus de régime gaulliste amélioreraient les
choses : elles ne feraient que reculer l'échéance
et la rendre plus dangereuse pour la gauche.
Si de Gaulle se maintient au pouvoir, deux politiques lui seront offertes : ou l'atermoiement
indéfini — ce qu'il a fait jusqu'ici —, ou le passage à la négociation. Celle-ci marquerait la rupture, c'est-à-dire qu'elle déclencherait l'épreuve
de force si longtemps retardée. L'Armée peut
tolérer le Référendum et les institutions provisoires parce qu'elle y trouve, d'une certaine
façon, son profit. Elle ne pourrait pas accepter
les négociations.

Cette épreuve de force, le temps ne renforce
pas nos chances de la gagner. Il y a d'abord cette
sorte de pouvoir charismatique de de Gaulle, ce

personnage quasi sacré qu'il s'est composé, cette distinction de qualité qu'il établit entre, d'une part, un certain type d'humanité représenté dans un siècle ou même dans l'Histoire par quelques individus seulement, et, d'autre part, la masse. Tout cela contribue à assoupir les masses en entretenant le rêve d'un de Gaulle « protecteur » et rien ne dit que s'il était renversé, dans deux ou trois ans, par un coup d'État militaire, nous aurions alors la possibilité de nous y opposer immédiatement.

Voyez ce qui s'est passé il y a deux mois : lorsque la gauche a amorcé un mouvement — qui semblait devoir s'épanouir — en faveur de la négociation, de Gaulle a jeté le trouble dans ses rangs en lançant de nouvelles formules et en annonçant le Référendum. Celui-ci ne nous fait pas avancer d'un pas vers la solution du problème mais il plonge de nouveau les gens dans l'incertitude et il crée, au sein de la gauche, une division entre des « oui » et des « non ». Le danger qui nous menace, ce n'est donc pas que de Gaulle parte, mais qu'il reste.

Une épreuve de force, cela ne veut pas dire nécessairement que le sang coule. Cela veut dire seulement qu'à un certain moment les gens se comptent et voient ce qu'ils peuvent faire. L'Armée est divisée. Les événements d'Alger et d'Oran ont certainement ébranlé un certain nombre d'officiers, de capitaines, de commandants, qui s'étaient entretenus jusque-là dans la conviction qu'ils se battaient contre une bande de rebelles. Quand ils ont vu la masse musulmane dans les rues, ils se sont dit : « Eh bien, tout est à recommencer. » Cela ne les amuse pas tellement. Ils sentent aussi que ce n'est plus la même guerre, que quelque chose est perdu, qu'il ne peut plus s'agir de nettoyer proprement, par des opérations militaires, un pays troublé mais dont la population leur serait favorable.

— *Beaucoup attribuent à de Gaulle le mérite de cette prise de conscience de l'Armée. Ils continuent à penser qu'il est le seul capable de réduire peu à peu les résistances de l'Armée en évitant l'épreuve de force que vous annoncez.*

— Est-ce de Gaulle ou les cinq cents morts d'Alger qui ont ouvert les yeux des militaires? Ce ne sont pas les officiers S. A. S., comme certains l'ont dit, qui ont invité les Musulmans à descendre dans les rues de la Casbah. Ils sont descendus tout seuls. Ce qui s'est produit, personne ne s'y attendait. De Gaulle pensait qu'on contiendrait un certain nombre d'agités européens dans les grandes villes, et qu'il pourrait, lui, faire tranquillement son petit tour des popotes. Ce n'est pas du tout ce qui s'est passé.

La preuve qu'il en a été le premier surpris, c'est qu'il n'a jamais fait allusion à l'événement, qu'il n'en a jamais tiré la leçon. Il était pourtant facile de dire aux Français : « Vous voyez que les Algériens ont besoin de s'exprimer. Plutôt que de les laisser descendre dans la rue, donnons-leur la possibilité de choisir eux-mêmes leur destin. » Il ne l'a pas fait. Pourquoi? Parce que cela le gêne. Parce que les manifestations d'Alger prouvent qu'il n'y a pas de troisième force et que tout son système devra reposer désormais sur l'Armée.

Ce n'est donc pas la politique de de Gaulle qui lasse l'Armée. C'est la réalité. De Gaulle se contente d'administrer de temps en temps un peu de chloroforme. Cela fait du bien aux agités de l'Armée parce que cela leur permet, en acceptant des compromis, de rester en Algérie. Mais cela ne leur montre pas la vérité. La vérité apparaît, et continuera d'apparaître, malgré de Gaulle.

Si l'épreuve de force me paraît inévitable, c'est que nous n'avons pas affaire à des enfants ou à des fous. On parle des « agités », de la « meute »... Ce n'est pas cela du tout. Il s'agit de gens qui ont des intérêts précis à défendre. L'intérêt de l'Armée, c'est l'Algérie. Sans elle, que serait-elle? Une armée de 1939 qui reviendrait dans ses casernes pour attendre de s'y faire massacrer au même titre que la population civile le jour où se déclencherait une guerre atomique.

Que voudriez-vous qu'ils fassent d'autre? Ils ne sont militaires qu'en Algérie. En France, ce sont des civils, comme nous, sauf qu'ils ont le droit de porter une mitraillette à peu près comme les nobles avaient le droit de porter une épée. Ils ne pèsent d'aucun poids dans les décisions internationales. Les trois bombes que nous avons fait exploser n'y changent rien. Ils ne tiennent même pas tellement à la modernisation de leur armée parce qu'elle entraînerait la mise à la retraite d'un certain nombre de cadres qui savent très bien faire exécuter un demi-tour à des fantassins mais qui seraient incapables de mener une guerre technique. De toutes les manières, par conséquent, le départ d'Algérie serait la mort de notre Armée.

— *A moins qu'elle ne vienne prendre le pouvoir en France, précisément pour empêcher cette évolution.*

— Tout à fait d'accord! Au moment où elle

comprendra qu'elle n'a plus rien à faire en Algérie, il est possible — je ne dis pas probable — que l'Armée cherche à s'emparer du pouvoir en Métropole. Le problème est de savoir quels sont les éléments qui pourront lui résister. Le Gouvernement, qui lui a tout le temps cédé? Évidemment non! L'U. N. R.? Mais l'U. N. R. n'est rien! C'est un rassemblement de gens qui disent « oui ». La seule force qui peut résister, ce sont les masses. Il n'y en a pas d'autre.

Il n'est pas certain que ce coup d'État militaire ait lieu, parce que l'Armée tend à se diviser, non pas entre gaullistes et antigaullistes, mais entre gens qui s'obstinent à voir la guerre en Algérie comme une guerre de mouvements militaires, et ceux qui y voient de plus en plus ce qu'elle est, c'est-à-dire l'oppression systématique d'une population entière. Ce ne sont pas de bonnes conditions pour tenter un coup d'État.

Et puis il y a les officiers de réserve, qui sont des gens comme vous et moi, et les soldats du contingent qui, depuis quelque temps, ont un peu changé. Ils ont changé grâce à de Gaulle, non parce qu'il voulait arrêter la guerre mais parce qu'il la poursuivait. Ils ont vu arriver la cinquième, puis la sixième année de guerre.

Il y a une histoire de cette jeunesse : au début, nous l'avons lâchée. Il y a cinq ans, les appelés et les rappelés ne voulaient pas partir. Ils se sont révoltés, comme à la caserne de Rouen, et les ouvriers les ont aidés. Mais des ordres sont venus et tout a été fini. Ils sont partis avec l'impression qu'on les avait trahis, que tout le monde, de l'extrême gauche à la droite, était d'accord pour faire cette guerre. Comme il faut vraiment beaucoup de courage pour se battre

contre une armée qui peut vous qualifier de
« traître » et vous faire fusiller, ils ont lâché.
Ils nous en ont voulu. J'en ai vu beaucoup,
ces années-là, qui avaient assisté — peut-être
même participé par force — à des choses pas
belles mais qui refusaient de les raconter, disant :
« Après tout, de quoi vous plaignez-vous? Vous
nous avez laissés faire. » C'était presque comme
une rancune d'enfant contre un père.

Mais les plus jeunes, qui se sont vus préparés
à cette guerre depuis l'âge de quatorze ans, qui
ont vu revenir leurs aînés et qui en ont obtenu
des récits plus complets que leurs parents, ceux-
là ont une mentalité très différente. Encore une
fois, ce n'est pas parce que la guerre est sur le
point de s'arrêter. C'est parce qu'elle continue.
C'est contre de Gaulle qu'ils ont pris conscience
d'eux-mêmes.

Si de Gaulle s'en allait demain, que se passe-
rait-il? La gauche, c'est évident, n'est pas organisée. Mais — c'est toute son histoire — elle ne l'est
jamais. Elle est toujours surprise. On l'a toujours
dit : si les gens de gauche ne s'entendent pas devant
les murs de la prison, ils s'entendent lorsqu'ils
sont derrière. S'il y a un coup dur, la gauche
sera totalement surprise et, les premiers temps,
elle lâchera. Mais cela ne durera pas. D'abord,
parce que le chantage exercé par de Gaulle ne
pourra être repris par aucun autre. Imagine-t-on
que M. Morice, M. Soustelle, M. Bidault, le général Salan ou même le général Massu puissent
devenir des personnages populaires? Cela n'a pas
de sens. Ils ne seront même pas soutenus par
les forces capitalistes, que l'Algérie intéresse peu
et qui souhaitent voir lever l'hypothèque de la
guerre. Et puis la droite, elle non plus, n'est

pas prête. Elle a trop de divisions internes à
surmonter.

Tous les fascismes ont été populaires, à leur
début, parce qu'ils apportaient — fût-ce illu-
soirement — quelque chose aux gens. En Allemagne, il y avait la défaite à effacer, le chômage à combattre. Mais on ne va pas mobiliser
le peuple français en lui disant : « Notre défaite
en Algérie est intolérable. Finissons-en! Tuons
tous les Algériens! Nous allons doubler les impôts
et poursuivre la guerre.» C'est impensable! Dans
un fascisme, la complicité des masses est très
importante. Complicité de courte durée mais qui
permet d'établir, par l'intermédiaire de partis
fascistes comme les SA allemands, une liaison
permanente entre la base et le dictateur. Il y a
des activistes, des agitateurs qui terrorisent la
masse mais qui peuvent en même temps faire
parvenir au sommet des renseignements pré-
cieux : « Attention, il ne faut pas aller trop fort
dans ce sens-là mais plutôt pousser de ce côté... »

Il n'y a pas, en France, de parti fasciste
capable de jouer ce rôle. Ce ne sont pas les
gosses du 16e qui le feront. Il faut pour cela
des gens sortis du peuple, des ouvriers en chômage comme ceux de Berlin, qui se rangeaient
du côté des nazis parce qu'ils donnaient de meilleures soupes populaires que les communistes.
Lorsque j'y étais, en 1934, il y avait beaucoup
d'ouvriers devenus nazis qui avaient conservé
sans s'en rendre compte le vocabulaire marxiste
et qui me donnaient une interprétation marxiste
de la suprématie de Hitler. Rien de tout cela
n'existe en France.

D'autre part, un fascisme ou pseudo-fascisme
français constituera un tel danger international

qu'il n'aura aucune chance de durer. La première chose que penseront les Américains, c'est que l'inévitable contrecoup populaire amènera le Front Populaire et la victoire des communistes. Ils chercheront à se débarrasser du Gouvernement fasciste le plus rapidement possible, avant qu'il soit renversé par une lame de fond populaire. Il est même à souhaiter qu'ils ne nous escamotent pas les chances d'une vraie démocratie.

De toute façon, l'épreuve de force est nécessaire parce qu'elle est inscrite dans la situation de fait. Les hommes résolvent les situations de fait par des faits et non par des recours au prestige. Si vous voulez, il faut avoir peur de ce qui se passerait si de Gaulle s'en allait, mais avec de l'espoir. Et il faut avoir un peu plus peur de ce qui arrivera s'il reste, surtout avec une majorité de « oui » qui ne le contraigne à rien et n'augmente même pas son autorité sur les gens qui la contestent.

Voter « oui », c'est refuser de se réveiller, c'est conserver le rêve. Voter « non », c'est un réveil. Cela veut dire : On en a assez d'être mystifiés depuis deux ans par ce bonhomme.

L'Express, n° 499, 4 janvier 1961.

LES SOMNAMBULES

Hier soir les gens s'attroupaient autour des marchands de journaux; le froid les dispersait vite, ils avaient le temps de jeter un coup d'œil à la manchette, ça leur suffisait. Un type disait à voix haute : « Avec l'Algérie, c'est fini. A qui le tour, maintenant? La France, Monsieur, se bat depuis cent cinquante ans. » On l'écoutait sans lui répondre mais sans hostilité : il y avait dans toutes les têtes d'étranges pensées luisantes et brouillées. Et puis, surtout, il avait dit : « C'est fini. » On ne voulait retenir que cela : c'est fini; avec l'Algérie, c'est fini. Dans les restaurants de quartier, la radio sortait de son mutisme ordinaire, tonitruait : on l'écoutait sans l'écouter. Des gens entraient, s'excusaient de leur retard, serraient des mains; on leur disait : « Le cessez-le-feu est conclu. » Ils s'asseyaient en disant : « Oui, oui, je sais. » Et l'on parlait d'autre chose. Les murs, dans tout Paris, avaient des oreilles. Des oreilles O. A. S. Et puis on ne voulait choquer personne : après sept ans de discrétion, sait-on ce que pensent les voisins? Les seuls à parler haut, c'étaient les ultras. J'en entendis deux qui riaient de rage dans un lieu public. Les autres, en dépit de leur indifférence affectée, de leur silence, se permettaient quelquefois un vague sourire de soulagement. Du soulagement, rien de plus : voilà ce qui frappait, hier, dans les rues de Paris.

Il faut dire que la joie n'est pas de mise : depuis sept ans, la France est un chien fou qui traîne une casserole à sa queue et s'épouvante chaque jour un peu plus de son propre tintamarre. Personne n'ignore aujourd'hui que nous avons ruiné, affamé, massacré un peuple de pauvres pour qu'il tombe à genoux. Il est resté debout. Mais à quel prix! Au moment où les délégations terminaient l'affaire, il restait deux millions quatre cent mille Algériens dans les camps de la mort lente; nous en avons tué plus d'un million. La terre est à l'abandon, les douars sont anéantis par les bombardements, le cheptel, maigre richesse des paysans, a disparu. Après sept ans, il faudra que l'Algérie parte à zéro : d'abord conquérir la paix, ensuite s'accrocher par l'effort le plus dur à cette misère provoquée qui sera notre cadeau de rupture. Nous n'ignorons plus rien, nous savons ce que nous avons fait : en 1945, les Parisiens criaient de joie parce qu'on les délivrait de leurs souffrances; aujourd'hui ils ont ce soulagement taciturne parce qu'on les débarrasse de leurs crimes. De leurs crimes, non — ceux que nous avons commis, nous savons bien qu'ils ne s'effaceront pas si vite — mais de l'obligation d'en commettre d'autres. Il était temps, grand temps : pour nous aussi; le cheptel n'a pas diminué, on peut en être sûr, et le niveau de vie s'est légèrement élevé. Mais, pour éviter la fameuse Braderie de notre Empire, nous avons bradé la France :

pour forger des armes nous avons jeté dans le feu nos institutions; nos libertés et nos garanties, la Démocratie et la Justice, tout a brûlé; il n'en reste rien. Il ne suffit pas d'arrêter les combats pour retrouver nos biens gaspillés : nous aussi, je le crains, sur un autre terrain, il nous faudra repartir à zéro. Mais les Algériens, eux, ont gardé leur force révolutionnaire. Où est la nôtre?

L'annonce du « cessez-le-feu » a frappé les esprits ni plus ni moins qu'une nouvelle « de l'extérieur » : Khrouchtchev va rencontrer Kennedy, on va s'entendre sur Berlin, on suspend les expériences atomiques. La France a déliré quand Glenn a fait ses tours du monde. C'était *notre* victoire, paraît-il. Dans les cinémas, on applaudissait. Cet armistice fragile, ce n'est pas *notre* victoire. C'est que le peuple français n'a pas su l'imposer. En 1955, le corps électoral a voté pour la paix; les élus ont intensifié la guerre et nous n'avons rien dit; des casernes se sont révoltées, les soldats ne voulaient pas tuer. Ni se faire tuer. Nous n'avons rien dit : on a brisé leur résistance. Nous avons laissé, sans rien dire, le régime démocratique se déshonorer sous la pression de l'Armée. Et, quand les militaires l'ont remplacé par celui du pouvoir personnel, nous avons persisté dans notre silence. Aujourd'hui, un gouvernement de coup d'État est contraint de nous donner ce que nous réclamions timidement sept ans plus tôt et nous nous taisons : cela va de soi, puisque ce n'est pas notre affaire. En France, un seul profitera du cessez-le-feu : de Gaulle. Il suffit pourtant de relire ses discours pour mesurer le chemin parcouru de Mostaganem aux négociations d'Évian. Il a tout fait, jusqu'à remuer les sables du désert, pour découvrir sa troisième Force et ce n'est pas sa faute si la bourgeoisie musulmane, élue de son cœur, n'existe pas en Algérie. Tout fut décidé et sa politique renversée quand les villes musulmanes s'ouvrirent et qu'on vit des foules sans armes s'avancer drapeau en tête vers nos soldats. En vérité, ce « cessez-le-feu » qu'on se hâte de déclarer « sans vainqueur ni vaincu », c'est le peuple algérien qui l'a imposé. Seul, par son extraordinaire résistance et par sa discipline. Et c'est par cette raison justement que ce « compromis » devient une victoire algérienne. Pourtant, les événements l'ont prouvé, nous étions solidaires, nous Français, de ces hommes qui luttaient contre le colonialisme. Colonialisme là-bas, fascisme ici : une seule et même chose. Et l'O. A. S. ne peut espérer refaire du Maghreb une colonie que s'il a commencé par coloniser la France. Mêmes ennemis, mêmes intérêts, nécessité de coopérer dans l'égalité : que vous faut-il de plus? Si nous avions secoué notre paresseuse timidité, si la gauche avait surmonté ses divisions... La gauche, il est vrai, toujours désunie, plus bruyante que convaincue, crie victoire par toutes ses bouches : c'est une affreuse cacophonie. Vaine : depuis 1954, les Algériens réclament l'indépendance; de tous ces partis rivaux, lequel, avant 1960, a repris cette exigence à son compte? lequel a tenté sincèrement d'en faire l'exigence profonde de tous les Français? Les uns réclamaient : « Le droit à l'indépendance » — ils ajoutaient en clignant de l'œil : « Le droit au divorce, ça ne veut pas dire qu'on force les couples à se séparer. » Et les autres, mis au pied du mur : « L'indépendance,

je vais plus loin que ça. » Le résultat, c'est le
« cessez-le-feu » : *notre défaite.* Et nous ne sommes
pas vaincus, bien au contraire, pour avoir enfin
reconnu le droit d'un peuple à disposer de lui-
même mais pour avoir assisté à la plus glorieuse,
à la plus sombre des aventures sans jamais tenter d'y prendre part. Que de vies épargnées si les
masses françaises avaient montré leur force.
Non, notre défaite, ce n'est pas l'indépendance,
c'est ce million d'Algériens que nous avons laissé
tuer. Velléitaires, puis incertains, puis démis-
sionnaires, nous avons remis nos pouvoirs à un
dictateur pour qu'il décide sans nous consulter
du meilleur moyen de terminer l'affaire : génocide, regroupement et partition, intégration,
indépendance, nous nous en lavions les mains,
ça le regardait. Le résultat passe nos espérances :
les Algériens ont conquis leur liberté, les Français ont perdu la leur. Pour ceux-là tout est à
faire; ils n'ont pas signé sans angoisse le pro-
tocole d'accord; ils savent que le cessez-le-feu
est un départ révolutionnaire, le commencement
du commencement. Pour nous, c'est le terme
ultime : bon débarras; et nous répétons : « C'est
fini », avec un secret soulagement.

Ça n'est pas fini. La mobilisation n'est pas la
guerre et le cessez-le-feu n'est pas la paix. En
Algérie, des hommes armés encadrent la population européenne; on connaît leur tactique et
leur but : ils jetteront, par d'incessantes provocations, les deux communautés l'une contre
l'autre et les massacres obligeront l'Armée française à tirer sur les Musulmans, la guerre se ral-
lumera sur l'heure, le « cessez-le-feu » ne sera
plus qu'un chiffon de papier. A moins qu'ils ne
préfèrent saboter l'autodétermination. Bien sûr,

rien de tout cela ne se produirait si l'Armée restait loyale. Mais le restera-t-elle? Si des Européens prennent l'initiative d'un massacre et s'il n'est que ce moyen de les arrêter, tirera-t-elle sur des factieux européens? Les Français — quand ils daignent s'occuper de politique — ne cessent de rouler ces questions dans leur tête sans jamais — et pour cause — leur trouver de réponse. Rien ne démontre mieux la profondeur de leur démission. Ils s'interrogent sur l'attitude possible des officiers d'active, sur leur loyalisme et sur les liens qui les unissent au fascisme, aux pieds-noirs, aux anciens putschistes comme si l'Armée, indépendante et souveraine, décidait seule de notre destinée. C'est faux : l'Armée doit obéir au peuple. Quand elle n'obéit pas, la faute en est à la nation elle-même. Et l'on a toujours, en fin de compte, l'armée qu'on mérite. Jamais, je le reconnais, les dangers n'ont été plus grands : à peine ce faible espoir vient-il de naître, on craint déjà les futures boucheries, des deux côtés de l'eau. Par cette raison même, par cette menace commune, les Français conservent une chance de redevenir *un peuple*. Ils n'ont pas su hâter le cessez-le-feu, toute l'histoire de notre époque leur est passée par-dessus la tête, ils vont en somnambules vers leur destin : soit. Mais ils sont arrivés, les yeux clos, à la croisée des chemins. Qu'ils regardent : ce sera l'indifférence moutonnière, la guerre ressuscitée et Salan au pouvoir. Ou l'unité d'action sans réserves, la lutte pour la paix et Salan au poteau. Il est absurde, aujourd'hui, de prétendre lutter *ici* contre l'O. A. S. — péril assez mince en France — sans contraindre le Gouvernement à lutter contre elle là-bas où sa force est incontestable.

Il est absurde et criminel de soutenir qu'on peut séparer la lutte contre le fascisme et le combat pour la paix. Il faut comprendre que nous avons aujourd'hui cette chance, la seule, de nous régénérer : contenir l'Armée dans le loyalisme en nous unissant tous *pour garantir l'exécution* des accords signés. A cette condition, le « cessez-le-feu » pour nous aussi sera le commencement du commencement.

19 février 1962.

Les Temps Modernes, n° 191, avril 1962.

« LES DAMNÉS DE LA TERRE »

Il n'y a pas si longtemps, la terre comptait deux milliards d'habitants, soit cinq cents millions d'hommes et un milliard cinq cents millions d'indigènes. Les premiers disposaient du Verbe, les autres l'empruntaient. Entre ceux-là et ceux-ci, des roitelets vendus, des féodaux, une fausse bourgeoisie forgée de toutes pièces servaient d'intermédiaires. Aux colonies la vérité se montrait nue; les « métropoles » la préféraient vêtue; il fallait que l'indigène les aimât. Comme des mères, en quelque sorte. L'élite européenne entreprit de fabriquer un indigénat d'élite; on sélectionnait des adolescents, on leur marquait sur le front, au fer rouge, les principes de la culture occidentale, on leur fourrait dans la bouche des bâillons sonores, grands mots pâteux qui collaient aux dents; après un bref séjour en métropole, on les renvoyait chez eux, truqués. Ces mensonges vivants n'avaient plus rien à dire à leurs frères; ils résonnaient; de Paris, de Londres, d'Amsterdam nous lancions des mots « Parthénon! Fraternité! » et, quelque part en Afrique, en Asie, des lèvres s'ouvraient : « ...thénon! ...nité! » C'était l'âge d'or.

Il prit fin : les bouches s'ouvrirent seules; les voix jaunes et noires parlaient encore de notre humanisme mais c'était pour nous reprocher notre inhumanité. Nous écoutions sans déplaisir ces courtois exposés d'amertume. D'abord ce fut un émerveillement fier : Comment? Ils causent tout seuls? Voyez pourtant ce que nous avons fait d'eux! Nous ne doutions pas qu'ils acceptassent notre idéal puisqu'ils nous accusaient de n'y être pas fidèles; pour le coup, l'Europe crut à sa mission : elle avait hellénisé les Asiatiques, créé cette espèce nouvelle, les nègres gréco-latins. Nous ajoutions, tout à fait entre nous, pratiques : Et puis laissons-les gueuler, ça les soulage; chien qui aboie ne mord pas.

Une autre génération vint, qui déplaça la question. Ses écrivains, ses poètes, avec une incroyable patience essayèrent de nous expliquer que nos valeurs collaient mal avec la vérité de leur vie, qu'ils ne pouvaient ni tout à fait les rejeter ni les assimiler. En gros, cela voulait dire : Vous faites de nous des monstres, votre humanisme nous prétend universels et vos pratiques racistes nous particularisent. Nous les écoutions, très décontractés : les administrateurs coloniaux ne sont pas payés pour lire Hegel, aussi bien le lisent-ils peu, mais ils n'ont pas besoin de ce philosophe pour savoir que les consciences malheureuses s'empêtrent dans leurs contradictions. Efficacité nulle. Donc perpétuons leur malheur, il n'en sortira que du vent. S'il y avait, nous disaient les experts, l'ombre d'une revendication dans leurs gémissements, ce serait celle de l'intégration. Pas question de l'accorder, bien entendu : on eût ruiné le système qui repose, comme vous savez, sur la surexploitation. Mais

il suffirait de tenir devant leurs yeux cette
carotte : ils galoperaient. Quant à se révolter,
nous étions bien tranquilles : quel indigène conscient s'en irait massacrer les beaux fils de l'Europe à seule fin de devenir européen comme eux?
Bref, nous encouragions ces mélancolies et ne
trouvâmes pas mauvais, une fois, de décerner le
prix Goncourt à un nègre : c'était avant 1939.
1961. Écoutez : « Ne perdons pas de temps en
stériles litanies ou en mimétismes nauséabonds.
Quittons cette Europe qui n'en finit pas de parler de l'homme tout en le massacrant partout
où elle le rencontre, à tous les coins de ses propres
rues, à tous les coins du monde. Voici des
siècles... qu'au nom d'une prétendue "aventure
spirituelle" elle étouffe la quasi-totalité de l'humanité. » Ce ton est neuf. Qui ose le prendre?
Un Africain, homme du Tiers Monde, ancien
colonisé. Il ajoute : « L'Europe a acquis une
telle vitesse folle, désordonnée... qu'elle va vers
des abîmes, dont il vaut mieux s'éloigner. »
Autrement dit : Elle est foutue. Une vérité qui
n'est pas bonne à dire mais dont — n'est-ce pas,
mes chers cocontinentaux? — nous sommes
tous, entre chair et cuir, convaincus.
Il faut faire une réserve, pourtant. Quand un
Français, par exemple, dit à d'autres Français :
« Nous sommes foutus! » — ce qui, à ma connaissance, se produit à peu près tous les jours
depuis 1930 — c'est un discours passionnel, brûlant de rage et d'amour, l'orateur se met dans le
bain avec tous ses compatriotes. Et puis il
ajoute généralement : « A moins que... » On voit
ce que c'est : il n'y a plus une faute à commettre;
si ses recommandations ne sont pas suivies à la
lettre, alors et seulement alors le pays se désin-

tégrera. Bref, c'est une menace suivie d'un conseil et ces propos choquent d'autant moins qu'ils jaillissent de l'intersubjectivité nationale. Quand Fanon, au contraire, dit de l'Europe qu'elle court à sa perte, loin de pousser un cri d'alarme, il propose un diagnostic. Ce médecin ne prétend ni la condamner sans recours — on a vu des miracles — ni lui donner les moyens de guérir : il constate qu'elle agonise. Du dehors, en se basant sur les symptômes qu'il a pu recueillir. Quant à la soigner, non : il a d'autres soucis en tête; qu'elle crève ou qu'elle survive, il s'en moque. Par cette raison, son livre est scandaleux. Et si vous murmurez, rigolards et gênés : « Qu'est-ce qu'il nous met! » la vraie nature du scandale vous échappe : car Fanon ne vous « met » rien du tout; son ouvrage — si brûlant pour d'autres — reste pour vous glacé; on y parle de vous souvent, à vous jamais. Finis les Goncourt noirs et les Nobel jaunes : il ne reviendra plus le temps des lauréats colonisés. Un ex-indigène « de langue française » plie cette langue à des exigences nouvelles, en use et s'adresse aux seuls colonisés : « Indigènes de tous les pays sous-développés, unissez-vous! » Quelle déchéance : pour les pères, nous étions les uniques interlocuteurs; les fils ne nous tiennent même plus pour des interlocuteurs valables : nous sommes les objets du discours. Bien sûr, Fanon mentionne au passage nos crimes fameux, Sétif, Hanoï, Madagascar, mais il ne perd pas sa peine à les condamner : il les utilise. S'il démonte les tactiques du colonialisme, le jeu complexe des relations qui unissent et qui opposent les colons aux « métropolitains » c'est *pour ses frères*; son but est de leur apprendre à nous déjouer.

Bref, le Tiers Monde *se* découvre et *se* parle
par cette voix. On sait qu'il n'est pas homogène
et qu'on y trouve encore des peuples asservis,
d'autres qui ont acquis une fausse indépendance,
d'autres qui se battent pour conquérir la souveraineté, d'autres enfin qui ont gagné la liberté
plénière mais qui vivent sous la menace cons-
tante d'une agression impérialiste. Ces différences sont nées de l'histoire coloniale, cela veut
dire de l'oppression. Ici la Métropole s'est conten-
tée de payer quelques féodaux : là, divisant pour
régner, elle a fabriqué de toutes pièces une bourgeoisie de colonisés; ailleurs elle a fait coup
double : la colonie est à la fois d'exploitation et
de peuplement. Ainsi, l'Europe a-t-elle multi-
plié les divisions, les oppositions, forgé des
classes et parfois des racismes, tenté par tous les
expédients de provoquer et d'accroître la strati-
fication des sociétés colonisées. Fanon ne dissimule rien : pour lutter contre nous, l'ancienne
colonie doit lutter contre elle-même. Ou plutôt
les deux ne font qu'un. Au feu du combat,
toutes les barrières intérieures doivent fondre,
l'impuissante bourgeoisie d'affairistes et de *com-
pradores*, le prolétariat urbain, toujours privi-
légié, le *lumpen-proletariat* des bidonvilles, tous
doivent s'aligner sur les positions des masses
rurales, véritable réservoir de l'Armée nationale
et révolutionnaire; dans ces contrées dont le
colonialisme a délibérément stoppé le développement, la paysannerie, quand elle se révolte,
apparaît très vite comme la classe *radicale* :
elle connaît l'oppression nue, elle en souffre
beaucoup plus que les travailleurs des villes et
pour l'empêcher de mourir de faim, il ne faut rien
de moins qu'un éclatement de toutes les struc-

tures. Qu'elle triomphe, la Révolution nationale
sera socialiste; qu'on arrête son élan, que la bourgeoisie colonisée prenne le pouvoir, le nouvel
État, en dépit d'une souveraineté formelle, reste
aux mains des impérialistes. C'est ce qu'illustre
assez bien l'exemple du Katanga. Ainsi l'unité
du Tiers Monde n'est pas faite : c'est une entreprise en cours qui passe par l'union, en chaque
pays, après comme avant l'indépendance, de
tous les colonisés sous le commandement de la
classe paysanne. Voilà ce que Fanon explique à
ses frères d'Afrique, d'Asie, d'Amérique latine :
Nous réaliserons tous ensemble et partout le
socialisme révolutionnaire ou nous serons battus
un à un par nos anciens tyrans. Il ne dissimule
rien; ni les faiblesses, ni les discordes, ni les
mystifications. Ici le mouvement prend un mauvais départ; là, après de foudroyants succès, il
est en perte de vitesse; ailleurs il s'est arrêté :
si l'on veut qu'il reprenne, il faut que les paysans
jettent leur bourgeoisie à la mer. Le lecteur est
sévèrement mis en garde contre les aliénations
les plus dangereuses : le leader, le culte de la personne, la culture occidentale et, tout aussi bien,
le retour du lointain passé de la culture africaine : la vraie culture, c'est la Révolution; cela
veut dire qu'elle se forge à chaud. Fanon parle à
voix haute; nous, les Européens, nous pouvons
l'entendre : la preuve en est que vous tenez ce
livre entre vos mains; ne craint-il pas que les
puissances coloniales tirent profit de sa sincérité?
    Non. Il ne craint rien. Nos procédés sont péri-
més : ils peuvent retarder parfois l'émancipation, ils ne l'arrêteront pas. Et n'imaginons pas
que nous pourrons rajuster nos méthodes : le

néo-colonialisme, ce rêve paresseux des Métropoles, c'est du vent; les « Troisièmes Forces » n'existent pas ou bien ce sont les bourgeoisies-bidons que le colonialisme a déjà mises au pouvoir. Notre machiavélisme a peu de prises sur ce monde fort éveillé qui a dépisté l'un après l'autre nos mensonges. Le colon n'a qu'un recours : la force, quand il lui en reste; l'indigène n'a qu'un choix : la servitude ou la souveraineté. Qu'est-ce que ça peut lui faire, à Fanon, que vous lisiez ou non son ouvrage? c'est à ses frères qu'il dénonce nos vieilles malices, sûr que nous n'en avons pas de rechange. C'est à eux qu'il dit : L'Europe a mis les pattes sur nos continents, il faut les taillader jusqu'à ce qu'elle les retire; le moment nous favorise : rien n'arrive à Bizerte, à Élisabethville, dans le bled algérien, que la terre entière n'en soit informée; les blocs prennent des partis contraires, ils se tiennent en respect, profitons de cette paralysie, entrons dans l'Histoire et que notre irruption la rende universelle pour la première fois; battons-nous : à défaut d'autres armes, la patience du couteau suffira.

Européens, ouvrez ce livre, entrez-y. Après quelques pas dans la nuit vous verrez des étrangers réunis autour d'un feu, approchez, écoutez : ils discutent du sort qu'ils réservent à vos comptoirs, aux mercenaires qui les défendent. Ils vous verront peut-être, mais ils continueront de parler entre eux, sans même baisser la voix. Cette indifférence frappe au cœur : les pères, créatures de l'ombre, *vos* créatures, c'étaient des âmes mortes, vous leur dispensiez la lumière, ils ne s'adressaient qu'à vous, et vous ne preniez pas la peine de répondre à ces zombies. Les fils vous ignorent : un feu les éclaire et les

réchauffe, qui n'est pas le vôtre. Vous, à distance
respectueuse, vous vous sentirez furtifs, noc-
turnes, transis : chacun son tour; dans ces
ténèbres d'où va surgir une autre aurore, les
zombies, c'est vous.
En ce cas, direz-vous, jetons cet ouvrage par
la fenêtre. Pourquoi le lire puisqu'il n'est pas
écrit pour nous? Pour deux motifs dont le premier est que Fanon vous explique à ses frères et
démonte pour eux le mécanisme de nos aliénations : profitez-en pour vous découvrir à vous-
mêmes dans votre vérité d'objets. Nos victimes
nous connaissent par leurs blessures et par leurs
fers : c'est ce qui rend leur témoignage irréfu-
table. Il suffit qu'elles nous montrent ce que
nous avons fait d'elles pour que nous connais-
sions ce que nous avons fait de nous. Est-ce
utile? Oui, puisque l'Europe est en grand danger
de crever. Mais, direz-vous encore, nous vivons
dans la Métropole et nous réprouvons les excès.
Il est vrai : vous n'êtes pas des colons, mais vous
ne valez pas mieux. Ce sont vos pionniers, vous
les avez envoyés, outre-mer, ils vous ont enri-
chis; vous les aviez prévenus : s'ils faisaient couler trop de sang, vous les désavoueriez du bout
des lèvres; de la même manière, un État — quel
qu'il soit — entretient à l'étranger une tourbe
d'agitateurs, de provocateurs et d'espions qu'il
désavoue quand on les prend. Vous, si libéraux,
si humains, qui poussez l'amour de la culture
jusqu'à la préciosité, vous faites semblant d'oublier que vous avez des colonies et qu'on y massacre en votre nom. Fanon révèle à ses cama-
rades — à certains d'entre eux, surtout, qui
demeurent un peu trop occidentalisés — la solidarité des « métropolitains » et de leurs agents

coloniaux. Ayez le courage de le lire : par cette raison qu'il vous fera honte et que la honte, comme a dit Marx, est un sentiment révolutionnaire. Vous voyez : moi aussi, je ne peux me déprendre de l'illusion subjective. Moi aussi, je vous dis : « Tout est perdu, à moins que... » Européen, je vole le livre d'un ennemi et j'en fais un moyen de guérir l'Europe. Profitez-en.

Et voici la seconde raison : si vous écartez les bavardages fascistes de Sorel, vous trouverez que Fanon est le premier depuis Engels à remettre en lumière l'accoucheuse de l'Histoire. Et n'allez pas croire qu'un sang trop vif ou que des malheurs d'enfance lui aient donné pour la violence je ne sais quel goût singulier : il se fait l'interprète de la situation, rien de plus. Mais cela suffit pour qu'il constitue, étape par étape, la dialectique que l'hypocrisie libérale vous cache et qui nous a produits tout autant que lui.

Au siècle dernier, la bourgeoisie tient les ouvriers pour des envieux, déréglés par de grossiers appétits mais elle prend soin d'inclure ces grands brutaux dans notre espèce : à moins d'être hommes et libres, comment pourraient-ils vendre librement leur force de travail? En France, en Angleterre, l'humanisme se prétend universel.

Avec le travail forcé, c'est tout le contraire : pas de contrat; en plus de ça, il faut intimider; donc l'oppression se montre. Nos soldats, outre-mer, repoussant l'universalisme métropolitain, appliquent au genre humain le *numerus clausus* : puisque nul ne peut sans crime dépouiller son semblable, l'asservir ou le tuer, ils posent en principe que le colonisé n'est pas le semblable de l'homme. Notre force de frappe a reçu mission de changer cette abstraite certitude en réalité : ordre est donné de ravaler les habitants du territoire annexé au niveau du singe supérieur pour justifier le colon de les traiter en bêtes de somme. La violence coloniale ne se donne pas seulement le but de tenir en respect ces hommes asservis, elle cherche à les déshumaniser. Rien ne sera ménagé pour liquider leurs traditions, pour substituer nos langues aux leurs, pour détruire leur culture sans leur donner la nôtre; on les abrutira de fatigue. Dénourris, malades, s'ils résistent encore la peur terminera le *job* : on braque sur le paysan des fusils; viennent des civils qui s'installent sur sa terre et le contraignent par la cravache à la cultiver pour eux. S'il résiste, les soldats tirent, c'est un homme mort; s'il cède, il se dégrade, ce n'est plus un homme; la honte et la crainte vont fissurer son caractère, désintégrer sa personne. L'affaire est menée tambour battant, par des experts : ce n'est pas d'aujourd'hui que datent les « services psychologiques ». Ni le lavage de cerveau. Et pourtant, malgré tant d'efforts, le but n'est atteint nulle part : au Congo, où l'on coupait les mains des nègres, pas plus qu'en Angola où, tout récemment, on trouait les lèvres des mécontents pour les fermer par des cadenas. Et je ne prétends pas qu'il soit impossible de changer un homme en bête : je dis qu'on n'y parvient pas sans l'affaiblir considérablement; les coups ne suffisent jamais, il faut forcer sur la dénutrition. C'est l'ennui, avec la servitude : quand on domestique un membre de notre espèce, on diminue son rendement et, si peu qu'on lui donne, un homme de basse-cour finit par coûter plus qu'il ne rapporte. Par cette raison les colons sont obligés d'arrêter le dressage à la mi-temps : le résultat, ni homme ni bête, c'est l'indigène. Battu, sous-alimenté, malade, apeuré, mais jusqu'à un certain point seulement, il a, jaune, noir ou blanc, toujours les mêmes traits de caractère : c'est un paresseux, sournois et voleur, qui vit de rien et ne connaît que la force.

Pauvre colon : voilà sa contradiction mise à nu. Il devrait, comme fait, dit-on, le génie, tuer ceux qu'il pille. Or cela n'est pas possible : ne faut-il pas aussi qu'il les exploite? Faute de pousser le massacre jusqu'au génocide, et la servitude jusqu'à l'abêtissement, il perd les pédales, l'opération se renverse, une implacable logique la mènera jusqu'à la décolonisation.

Pas tout de suite. D'abord l'Européen règne : il a déjà perdu mais ne s'en aperçoit pas; il ne sait pas encore que les indigènes sont de faux indigènes : il leur fait du mal, à l'entendre, pour détruire ou pour refouler le mal qu'ils ont en eux; au bout de trois générations, leurs pernicieux instincts ne renaîtront plus. Quels instincts? Ceux qui poussent les esclaves à massacrer le maître? Comment n'y reconnaît-il pas sa propre cruauté retournée contre lui? La sauvagerie de ces paysans opprimés, comment n'y retrouve-t-il pas sa sauvagerie de colon qu'ils ont absorbée par tous les pores et dont ils ne se guérissent pas? La raison est simple : ce personnage impérieux, affolé par sa toute-puissance et par la peur de la perdre, ne se rappelle plus très bien qu'il a été un homme : il se prend pour une cravache ou pour un fusil; il en est

venu à croire que la domestication des « races
inférieures » s'obtient par le conditionnement de
leurs réflexes. Il néglige la mémoire humaine,
les souvenirs ineffaçables; et puis, surtout, il y a
ceci qu'il n'a peut-être jamais su : nous ne deve-
nons ce que nous sommes que par la négation
intime et radicale de ce qu'on a fait de nous.
Trois générations? Dès la seconde, à peine
ouvraient-ils les yeux, les fils ont vu battre leurs
pères. En termes de psychiatrie, les voilà « trau-
matisés ». Pour la vie. Mais ces agressions sans
cesse renouvelées, loin de les porter à se soumettre, les jettent dans une contradiction insupportable dont l'Européen, tôt ou tard, fera les
frais. Après cela, qu'on les dresse à leur tour,
qu'on leur apprenne la honte, la douleur et la
faim : on ne suscitera dans leurs corps qu'une
rage volcanique dont la puissance est égale à
celle de la pression qui s'exerce sur eux. Ils ne
connaissent, disiez-vous, que la force? Bien sûr;
d'abord ce ne sera que celle du colon et, bientôt,
que la leur, cela veut dire : la même rejaillissant
sur nous comme notre reflet vient du fond d'un
miroir à notre rencontre. Ne vous y trompez
pas; par cette folle rogne, par cette bile et ce
fiel, par leur désir permanent de nous tuer, par
la contracture permanente de muscles puissants
qui ont peur de se dénouer, ils sont hommes :
par le colon, qui les veut hommes de peine, et
contre lui. Aveugle encore, abstraite, la haine est
leur seul trésor : le Maître la provoque parce
qu'il cherche à les abêtir, il échoue à la briser
parce que ses intérêts l'arrêtent à mi-chemin;
ainsi les faux indigènes sont humains encore,
par la puissance et l'impuissance de l'oppresseur qui se transforment, chez eux, en un refus

entêté de la condition animale. Pour le reste on
a compris; ils sont paresseux, bien sûr : c'est du
sabotage. Sournois, voleurs : parbleu; leurs menus
larcins marquent le commencement d'une résistance encore inorganisée. Cela ne suffit pas : il
en est qui s'affirment en se jetant à mains nues
contre les fusils; ce sont leurs héros; et d'autres
se font hommes en assassinant des Européens.
On les abat : brigands et martyrs, leur supplice
exalte les masses terrifiées.

Terrifiées, oui : en ce nouveau moment, l'agression coloniale s'intériorise en Terreur chez les
colonisés. Par là, je n'entends pas seulement la
crainte qu'ils éprouvent devant nos inépuisables
moyens de répression mais aussi celle que leur
inspire leur propre fureur. Ils sont coincés entre
nos armes qui les visent et ces effrayantes pul-
sions, ces désirs de meurtre qui montent du fond
des cœurs et qu'ils ne reconnaissent pas toujours : car ce n'est pas d'abord *leur* violence,
c'est la nôtre, retournée, qui grandit et les dé-
chire; et le premier mouvement de ces opprimés
est d'enfouir profondément cette inavouable
colère que leur morale et la nôtre réprouvent
et qui n'est pourtant que le dernier réduit de
leur humanité. Lisez Fanon : vous saurez que,
dans le temps de leur impuissance, la folie meur-
trière est l'inconscient collectif des colonisés.

Cette furie contenue, faute d'éclater, tourne
en rond et ravage les opprimés eux-mêmes. Pour
s'en libérer, ils en viennent à se massacrer entre
eux : les tribus se battent les unes contre les
autres faute de pouvoir affronter l'ennemi véritable — et vous pouvez compter sur la politique
coloniale pour entretenir leurs rivalités; le frère,
levant le couteau contre son frère, croit détruire,

une fois pour toutes, l'image détestée de leur
avilissement commun. Mais ces victimes expia-
toires n'apaisent pas leur soif de sang; ils ne
s'empêcheront de marcher contre les mitrail-
leuses qu'en se faisant nos complices : cette
déshumanisation qu'ils repoussent, ils vont de
leur propre chef en accélérer les progrès. Sous
les yeux amusés du colon, ils se prémuniront
contre eux-mêmes par des barrières surnatu-
relles, tantôt ranimant de vieux mythes terribles, tantôt se ligotant par des rites méticu-
leux : ainsi l'obsédé fuit son exigence profonde
en s'infligeant des manies qui le requièrent à
chaque instant. Ils dansent : ça les occupe; ça
dénoue leurs muscles douloureusement contrac-
tés et puis la danse mime en secret, souvent à
leur insu, le Non qu'ils ne peuvent dire, les
meurtres qu'ils n'osent commettre. En certaines
régions, ils usent de ce dernier recours : la possession. Ce qui était autrefois le fait religieux
dans sa simplicité, une certaine communication
du fidèle avec le sacré, ils en font une arme
contre le désespoir et l'humiliation : les zars, les
loas, les Saints de la Sainterie descendent en
eux, gouvernent leur violence et la gaspillent
en transes jusqu'à l'épuisement. En même temps
ces hauts personnages les protègent : cela veut
dire que les colonisés se défendent de l'aliénation coloniale en renchérissant sur l'aliénation
religieuse. Avec cet unique résultat, au bout du
compte, qu'ils cumulent les deux aliénations et
que chacune se renforce par l'autre. Ainsi, dans
certaines psychoses, las d'être insultés tous les
jours, les hallucinés s'avisent un beau matin
d'entendre une voix d'ange qui les complimente;
les quolibets ne cessent pas pour autant : désor-

mais, ils alternent avec la félicitation. C'est une
défense et c'est la fin de leur aventure : la personne est dissociée, le malade s'achemine vers
la démence. Ajoutez, pour quelques malheureux
rigoureusement sélectionnés, cette autre possession dont j'ai parlé plus haut : la culture occidentale. A leur place, direz-vous, j'aimerais
encore mieux mes zars que l'Acropole. Bon :
vous avez compris. Pas tout à fait cependant
car vous n'êtes pas à leur place. Pas encore.
Sinon vous sauriez qu'ils ne peuvent pas choisir : ils cumulent. Deux mondes, ça fait deux
possessions : on danse toute la nuit, à l'aube on
se presse dans les églises pour entendre la messe;
de jour en jour la fêlure s'accroît. Notre ennemi
trahit ses frères et se fait notre complice; ses
frères en font autant. L'indigénat est une névrose
introduite et maintenue par le colon chez les
colonisés *avec leur consentement*.

Réclamer et renier, tout à la fois, la condition
humaine : la contradiction est explosive. Aussi
bien explose-t-elle, vous le savez comme moi.
Et nous vivons au temps de la déflagration :
que la montée des naissances accroisse la disette,
que les nouveaux venus aient à redouter de
vivre un peu plus que de mourir, le torrent de
la violence emporte toutes les barrières. En Algérie, en Angola, on massacre à vue les Européens.
C'est le moment du boomerang, le troisième
temps de la violence : elle revient sur nous, elle
nous frappe et, pas plus que les autres fois, nous
ne comprenons que c'est la nôtre. Les « libéraux » restent hébétés : ils reconnaissent que
nous n'étions pas assez polis avec les indigènes,
qu'il eût été plus juste et plus prudent de leur
accorder certains droits dans la mesure du pos-

sible; ils ne demandaient pas mieux que de les admettre par fournées et sans parrain dans ce club si fermé, notre espèce : et voici que ce déchaînement barbare et fou ne les épargne pas plus que les mauvais colons. La Gauche métropolitaine est gênée : elle connaît le véritable sort des indigènes, l'oppression sans merci dont ils font l'objet, elle ne condamne pas leur révolte, sachant que nous avons tout fait pour la provoquer. Mais tout de même, pense-t-elle, il y a des limites : ces guérilleros devraient tenir à cœur de se montrer chevaleresques; ce serait le meilleur moyen de prouver qu'ils sont des hommes. Parfois, elle les gourmande : « Vous allez trop fort, nous ne vous soutiendrons plus. » Ils s'en foutent : pour ce que vaut le soutien qu'elle leur accorde, elle peut tout aussi bien se le mettre au cul. Dès que leur guerre a commencé, ils ont aperçu cette vérité rigoureuse : nous nous valons tous tant que nous sommes, nous avons tous profité d'eux, ils n'ont rien à prouver, ils ne feront de traitement de faveur à personne. Un seul devoir, un seul objectif : chasser le colonialisme par *tous* les moyens. Et les plus avisés d'entre nous y consentiraient, à la rigueur, mais ils ne peuvent s'empêcher de voir dans cette épreuve de force le moyen tout inhumain que des sous-hommes ont pris pour se faire octroyer une charte d'humanité : qu'on l'accorde au plus vite et qu'ils tâchent alors, par des entreprises pacifiques, de la mériter. Nos belles âmes sont racistes.

Elles auront profit à lire Fanon; cette violence irrépressible, il le montre parfaitement, n'est pas une absurde tempête ni la résurrection d'instincts sauvages ni même un effet du ressenti-

ment : c'est l'homme lui-même se recomposant.
Cette vérité, nous l'avons sue je crois, et nous
l'avons oubliée : les marques de la violence, nulle
douceur ne les effacera ; c'est la violence qui
peut seule les détruire. Et le colonisé se guérit
de la névrose coloniale en chassant le colon par
les armes. Quand sa rage éclate, il retrouve sa
transparence perdue, il se connaît dans la mesure
même où il se fait; de loin nous tenons sa guerre
comme le triomphe de la barbarie; mais elle pro-
cède par elle-même à l'émancipation progressive
du combattant, elle liquide en lui et hors de lui,
progressivement, les ténèbres coloniales. Dès
qu'elle commence, elle est sans merci. Il faut
rester terrifié ou devenir terrible; cela veut dire :
s'abandonner aux dissociations d'une vie truquée ou conquérir l'unité natale. Quand les
paysans touchent des fusils, les vieux mythes
pâlissent, les interdits sont un à un renversés :
l'arme d'un combattant, c'est son humanité.
Car, en ce premier temps de la révolte, il faut
tuer : abattre un Européen c'est faire d'une
pierre deux coups, supprimer en même temps
un oppresseur et un opprimé : restent un homme
mort et un homme libre; le survivant, pour la
première fois, sent un sol *national* sous la plante
de ses pieds. Dans cet instant, la nation ne
s'éloigne pas de lui : on la trouve où il va, où
il est — jamais plus loin, elle se confond avec
sa liberté. Mais, après la première surprise, l'Armée coloniale réagit : il faut s'unir ou se faire
massacrer. Les discordes tribales s'atténuent,
tendent à disparaître : d'abord parce qu'elles
mettent en danger la Révolution, et plus profondément parce qu'elles n'avaient d'autre office
que de dériver la violence vers de faux ennemis.

Quand elles demeurent — comme au Congo — c'est qu'elles sont entretenues par les agents du colonialisme. La nation se met en marche : pour chaque frère elle est partout où d'autres frères combattent. Leur amour fraternel est l'envers de la haine qu'ils vous portent : frères en ceci que chacun d'eux a tué, peut, d'un instant à l'autre, avoir tué. Fanon montre à ses lecteurs les limites de la « spontanéité », la nécessité et les dangers de « l'organisation ». Mais, quelle que soit l'immensité de la tâche, à chaque développement de l'entreprise la conscience révolutionnaire s'approfondit. Les derniers complexes s'envolent : qu'on vienne un peu nous parler du « complexe de dépendance » chez le soldat de l'A. L. N. Libéré de ses œillères, le paysan prend connaissance de ses besoins : ils le tuaient mais il tentait de les ignorer; il les découvre comme des exigences infinies. En cette violence populaire — pour tenir cinq ans, huit ans comme ont fait les Algériens, les nécessités militaires, sociales et politiques ne se peuvent distinguer. La guerre — ne fût-ce qu'en posant la question du commandement et des responsabilités — institue de nouvelles structures qui seront les premières institutions de la paix. Voici donc l'homme instauré jusque dans des traditions nouvelles, filles futures d'un horrible présent, le voici légitimé par un droit qui va naître, qui naît chaque jour au feu : avec le dernier colon tué, rembarqué ou assimilé, l'espèce minoritaire disparaît, cédant la place à la fraternité socialiste. Et ce n'est pas encore assez : ce combattant brûle les étapes; vous pensez bien qu'il ne risque pas sa peau pour se retrouver au niveau du vieil homme « métropolitain ». Voyez sa patience : peut-être

rêve-t-il quelquefois d'un nouveau Dien-Bien-
Phu; mais croyez qu'il n'y compte pas vraiment :
c'est un gueux luttant, dans sa misère, contre
des riches puissamment armés. En attendant les
victoires décisives et, souvent, sans rien attendre,
il travaille ses adversaires à l'écœurement. Cela
n'ira pas sans d'effroyables pertes; l'Armée coloniale devient féroce : quadrillages, ratissages,
regroupements, expéditions punitives; on massacre les femmes et les enfants. Il le sait : cet
homme neuf commence sa vie d'homme par la
fin; il se tient pour un mort en puissance. Il sera
tué : ce n'est pas seulement qu'il en accepte le
risque, c'est qu'il en a la certitude; ce mort en
puissance a perdu sa femme, ses fils; il a vu tant
d'agonies qu'il veut vaincre plutôt que survivre;
d'autres profiteront de la victoire, pas lui : il est
trop las. Mais cette fatigue du cœur est à l'origine d'un incroyable courage. Nous trouvons
notre humanité en deçà de la mort et du désespoir, il la trouve au-delà des supplices et de la
mort. Nous avons été les semeurs de vent; la
tempête, c'est lui. Fils de la violence, il puise
en elle à chaque instant son humanité : nous
étions hommes à ses dépens, il se fait homme
aux nôtres. Un autre homme : de meilleure
qualité.

Ici Fanon s'arrête. Il a montré la route : porte-
parole des combattants, il a réclamé l'union,
l'unité du continent africain contre toutes les
discordes et tous les particularismes. Son but
est atteint. S'il voulait décrire intégralement le
fait historique de la décolonisation, il lui faudrait parler de nous : ce qui n'est certes pas son

propos. Mais, quand nous avons fermé le livre,
il se poursuit en nous, malgré son auteur : car
nous éprouvons la force des peuples en révolution et nous y répondons par la force. Il y a donc
un nouveau moment de la violence et c'est à
nous, cette fois, qu'il faut revenir car elle est en
train de nous changer dans la mesure où le faux
indigène se change à travers elle. A chacun de
mener ses réflexions comme il veut. Pourvu toutefois qu'il réfléchisse : dans l'Europe d'aujour-
d'hui, tout étourdie par les coups qu'on lui porte,
en France, en Belgique, en Angleterre, le moindre
divertissement de la pensée est une complicité
criminelle avec le colonialisme. Ce livre n'avait
nul besoin d'une préface. D'autant moins qu'il
ne s'adresse pas à nous. J'en ai fait une, cependant, pour mener jusqu'au bout la dialectique :
nous aussi, gens de l'Europe, on nous décolonise :
cela veut dire qu'on extirpe par une opération
sanglante le colon qui est en chacun de nous.
Regardons-nous, si nous en avons le courage, et
voyons ce qu'il advient de nous.
    Il faut affronter d'abord ce spectacle inat-
tendu : le strip-tease de notre humanisme. Le
voici tout nu, pas beau : ce n'était qu'une idéologie menteuse, l'exquise justification du pillage;
ses tendresses et sa préciosité cautionnaient nos
agressions. Ils ont bonne mine, les non-violents :
ni victimes ni bourreaux! Allons! Si vous n'êtes
pas victimes, quand le Gouvernement que vous
avez plébiscité, quand l'Armée où vos jeunes
frères ont servi, sans hésitation ni remords, ont
entrepris un « génocide », vous êtes indubitable-
ment des bourreaux. Et si vous choisissez d'être
victimes, de risquer un jour ou deux de prison,
vous choisissez simplement de tirer votre épingle

du jeu. Vous ne l'en tirerez pas : il faut qu'elle
y reste jusqu'au bout. Comprenez enfin ceci :
si la violence avait commencé ce soir, si l'exploitation ni l'oppression n'avaient jamais existé sur
terre, peut-être la non-violence affichée pourrait
apaiser la querelle. Mais si le régime tout entier et
jusqu'à vos non violentes pensées sont condition-
nées par une oppression millénaire, votre passivité
ne sert qu'à vous ranger du côté des oppresseurs.
Vous savez bien que nous sommes des exploiteurs. Vous savez bien que nous avons pris l'or
et les métaux puis le pétrole des « continents
neufs » et que nous les avons ramenés dans les
vieilles métropoles. Non sans d'excellents résultats : des palais, des cathédrales, des capitales
industrielles; et puis quand la crise menaçait,
les marchés coloniaux étaient là pour l'amortir
ou la détourner. L'Europe, gavée de richesses,
accorda *de jure* l'humanité à tous ses habitants :
un homme, chez nous, ça veut dire un complice
puisque nous avons *tous* profité de l'exploitation
coloniale. Ce continent gras et blême finit par
donner dans ce que Fanon nomme justement le
« narcissisme ». Cocteau s'agaçait de Paris, « cette
ville qui parle tout le temps d'elle-même ». Et
l'Europe, que fait-elle d'autre? Et ce monstre
sureuropéen, l'Amérique du Nord? Quel bavar-
dage : liberté, égalité, fraternité, amour, honneur, patrie, que sais-je? Cela ne nous empêchait
pas de tenir en même temps des discours racistes,
sale nègre, sale juif, sale raton. De bons esprits,
libéraux et tendres — des néo-colonialistes, en
somme — se prétendaient choqués par cette
inconséquence; erreur ou mauvaise foi : rien de
plus conséquent, chez nous, qu'un humanisme
raciste puisque l'Européen n'a pu se faire homme

qu'en fabriquant des esclaves et des monstres.
Tant qu'il y eut un indigénat, cette imposture
ne fut pas démasquée; on trouvait dans le genre
humain une abstraite postulation d'universalité
qui servait à couvrir des pratiques plus réalistes :
il y avait, de l'autre côté des mers, une race de
sous-hommes qui, grâce à nous, dans mille ans
peut-être, accéderait à notre état. Bref on confon-
dait le genre avec l'élite. Aujourd'hui, l'indigène
révèle sa vérité; du coup, notre club si fermé
révèle sa faiblesse : ce n'était ni plus ni moins
qu'une minorité. Il y a pis : puisque les autres
se font hommes contre nous, il apparaît que
nous sommes les ennemis du genre humain;
l'élite révèle sa vraie nature : un gang. Nos
chères valeurs perdent leurs ailes; à les regarder
de près, on n'en trouvera pas une qui ne soit
tachée de sang. S'il vous faut un exemple, rappelez-vous ces grands mots : que c'est généreux,
la France. Généreux, nous? Et Sétif? Et ces huit
années de guerre féroce qui ont coûté la vie à
plus d'un million d'Algériens? Et la gégène? Mais
comprenez bien qu'on ne nous reproche pas
d'avoir trahi je ne sais quelle mission : pour la
bonne raison que nous n'en avions aucune. C'est
la générosité même qui est en cause; ce beau
mot chantant n'a qu'un sens : statut octroyé.
Pour les hommes d'en face, neufs et délivrés,
personne n'a le pouvoir ni le privilège de rien
donner à personne. Chacun a tous les droits. Sur
tous; et notre espèce, lorsqu'un jour elle se sera
faite, ne se définira pas comme la somme des
habitants du globe mais comme l'unité infinie
de leurs réciprocités. Je m'arrête; vous finirez le
travail sans peine; il suffit de regarder en face,
pour la première et pour la dernière fois, nos

aristocratiques vertus : elles crèvent; comment survivraient-elles à l'aristocratie de sous-hommes qui les a engendrées. Il y a quelques années, un commentateur bourgeois — et colonialiste — pour défendre l'Occident n'a trouvé que ceci : « Nous ne sommes pas des anges. Mais nous, du moins, nous avons des remords. » Quel aveu! Autrefois notre continent avait d'autres flotteurs : le Parthénon, Chartres, les Droits de l'Homme, la svastika. On sait à présent ce qu'ils valent : et l'on ne prétend plus nous sauver du naufrage que par le sentiment très chrétien de notre culpabilité. C'est la fin, comme vous voyez : l'Europe fait eau de toute part. Que s'est-il donc passé? Ceci, tout simplement, que nous étions les sujets de l'Histoire et que nous en sommes à présent les objets. Le rapport des forces s'est renversé, la décolonisation est en cours; tout ce que nos mercenaires peuvent tenter, c'est d'en retarder l'achèvement.

Encore faut-il que les vieilles « Métropoles » y mettent le paquet, qu'elles engagent dans une bataille d'avance perdue toutes leurs forces. Cette vieille brutalité coloniale qui a fait la gloire douteuse des Bugeaud, nous la retrouvons, à la fin de l'aventure, décuplée, insuffisante. On envoie le contingent en Algérie, il s'y maintient depuis sept ans sans résultat. La violence a changé de sens; victorieux, nous l'exercions sans qu'elle parût nous altérer : elle décomposait les autres — et nous, les hommes, notre humanisme restait intact; unis par le profit, les métropolitains baptisaient fraternité, amour, la communauté de leurs crimes; aujourd'hui la même, partout bloquée, revient sur nous à travers nos soldats, s'intériorise et nous possède. L'involu-

tion commence : le colonisé se recompose et nous,
ultras et libéraux, colons et « métropolitains »
nous nous décomposons. Déjà la rage et la peur
sont nues : elles se montrent à découvert dans
les « ratonnades » d'Alger. Où sont les sauvages,
à présent? Où est la barbarie? Rien ne manque
pas même le tam-tam : les klaxons rythment
« Algérie française » pendant que les Européens
font brûler vifs des Musulmans. Il n'y a pas
si longtemps, Fanon le rappelle, des psychiatres
en congrès s'affligeaient de la criminalité indigène : ces gens-là s'entre-tuent, disaient-ils, cela
n'est pas normal; le cortex de l'Algérien doit
être sous-développé. En Afrique centrale d'autres
ont établi que « l'Africain utilise très peu ses
lobes frontaux ». Ces savants auraient intérêt
aujourd'hui à poursuivre leur enquête en Europe
et particulièrement chez les Français. Car nous
aussi, depuis quelques années, nous devons être
atteints de paresse frontale : les Patriotes assas-
sinent un peu leurs compatriotes; en cas d'absence, il font sauter leur concierge et leur maison. Ce n'est qu'un début : la guerre civile est
prévue pour l'automne ou pour le prochain prin-
temps. Nos lobes pourtant semblent en parfait
état : ne serait-ce pas plutôt que, faute de pouvoir écraser l'indigène, la violence revient sur
soi, s'accumule au fond de nous et cherche une
issue? L'union du peuple algérien produit la
désunion du peuple français : sur tout le territoire
de l'ex-Métropole, les tribus dansent et se pré-
parent au combat. La terreur a quitté l'Afrique
pour s'installer ici : car il y a des furieux tout
bonnement, qui veulent nous faire payer de notre
sang la honte d'avoir été battus par l'indigène
et puis il y a les autres, tous les autres, aussi

coupables — après Bizerte, après les lynchages
de septembre, qui donc est descendu dans la
rue pour dire : assez? — mais plus rassis : les
libéraux, les durs de durs de la Gauche molle.
En eux aussi la fièvre monte. Et la hargne. Mais
quelle frousse! Ils se masquent leur rage par des
mythes, par des rites compliqués; pour retarder
le règlement de compte final et l'heure de la
vérité, ils ont mis à notre tête un Grand Sorcier
dont l'office est de nous maintenir à tout prix
dans l'obscurité. Rien n'y fait; proclamée par les
uns, refoulée par les autres, la violence tourne
en rond : un jour elle explose à Metz, le lendemain à Bordeaux; elle a passé par ici, elle pas-
sera par là, c'est le jeu du furet. A notre tour,
pas à pas, nous faisons le chemin qui mène à
l'indigénat. Mais pour devenir indigènes tout à
fait, il faudrait que notre sol fût occupé par les
anciens colonisés et que nous crevions de faim.
Ce ne sera pas : non, c'est le colonialisme déchu
qui nous possède, c'est lui qui nous chevauchera
bientôt, gâteux et superbe; le voilà, notre zar,
notre loa. Et vous vous persuaderez, en lisant
le dernier chapitre de Fanon, qu'il vaut mieux
être un indigène au pire moment de la misère
qu'un ci-devant colon. Il n'est pas bon qu'un
fonctionnaire de la police soit obligé de torturer
dix heures par jour : à ce train-là, ses nerfs
vont craquer à moins qu'on n'interdise aux bourreaux, dans leur propre intérêt, de faire des
heures supplémentaires. Quand on veut protéger par la rigueur des lois le moral de la Nation
et de l'Armée, il n'est pas bon que celle-ci démoralise systématiquement celle-là. Ni qu'un pays
de tradition républicaine confie, par centaines
de milliers, ses jeunes gens à des officiers puts-

chistes. Il n'est pas bon, mes compatriotes, vous qui connaissez tous les crimes commis en notre nom, il n'est vraiment pas bon que vous n'en souffliez mot à personne pas même à votre âme par crainte d'avoir à vous juger. Au début vous ignoriez, je veux le croire, ensuite vous avez douté, à présent vous savez mais vous vous taisez toujours. Huit ans de silence, ça dégrade. Et vainement : aujourd'hui, l'aveuglant soleil de la torture est au zénith, il éclaire tout le pays; sous cette lumière, il n'y a plus un rire qui sonne juste, plus un visage qui ne se farde pour masquer la colère ou la peur, plus un acte qui ne trahisse nos dégoûts et nos complicités. Il suffit aujourd'hui que deux Français se rencontrent pour qu'il y ait un cadavre entre eux. Et quand je dis : un... La France, autrefois, c'était un nom de pays; prenons garde que ce ne soit, en 1961, le nom d'une névrose.

Guérirons-nous ? Oui. La violence, comme la lance d'Achille, peut cicatriser les blessures qu'elle a faites. Aujourd'hui, nous sommes enchaînés, humiliés, malades de peur : au plus bas. Heureusement cela ne suffit pas encore à l'aristocratie colonialiste : elle ne peut accomplir sa mission retardatrice en Algérie qu'elle n'ait achevé d'abord de coloniser les Français. Nous reculons chaque jour devant la bagarre mais soyez sûrs que nous ne l'éviterons pas : ils en ont besoin, les tueurs; ils vont nous voler dans les plumes et taper dans le tas. Ainsi finira le temps des sorciers et des fétiches : il faudra vous battre ou pourrir dans les camps. C'est le dernier moment de la dialectique : vous condamnez cette guerre mais n'osez pas encore vous déclarer solidaires des combattants algériens; n'ayez crainte,

comptez sur les colons et sur les mercenaires :
ils vous feront sauter le pas. Peut-être, alors,
le dos au mur, débriderez-vous enfin cette violence nouvelle que suscitent en vous de vieux
forfaits recuits. Mais ceci, comme on dit, est
une autre histoire. Celle de l'homme. Le temps
s'approche, j'en suis sûr, où nous nous joindrons
à ceux qui la font.

Septembre 1961.

Préface aux Damnés de la terre, *de Frantz Fanon,*
Paris, Éd. Maspero, 1961.

LA PENSÉE POLITIQUE
DE PATRICE LUMUMBA

I. L'ENTREPRISE

Lumumba, Fanon : ces deux grands morts représentent l'Afrique. Non pas seulement leur nation : tout leur continent. A lire leurs écrits, à déchiffrer leurs vies, on pourrait les prendre pour deux adversaires acharnés. Fanon, martiniquais, arrière-petit-fils d'esclave, quitte un pays qui n'a pas, à l'époque, pris conscience de la personnalité antillaise et de ses exigences. Il épouse la révolte algérienne et combat, Noir, au milieu des Musulmans blancs : entraîné avec eux dans une guerre atroce et nécessaire, il adopte le radicalisme de ses nouveaux Frères, se fait le théoricien de la violence révolutionnaire et souligne dans ses livres la vocation socialiste de l'Afrique : sans réforme agraire et sans nationalisation des entreprises coloniales l'indépendance est un vain mot. Lumumba, victime du paternalisme belge — pas d'élite, pas d'ennui — ne possède pas, en dépit de sa vaste intelligence, la culture de Fanon; par contre, il paraît, à première vue, avoir sur celui-ci l'avantage de travailler sur son propre sol à l'émancipation de ses frères de couleur et de son pays natal. Le mouvement qu'il organise et dont il devient le chef incontesté, il a mille fois dit qu'il serait *non violent* et, en dépit des provocations ou de quelques initiatives locales qu'il a toujours désapprouvées, c'est par la non-violence que le M. N. C. s'est imposé. Quant aux problèmes de structure, Lumumba a défini clairement sa position, lors de ses conférences à *Présence Africaine* : « Nous n'avons pas d'option économique. » Il entendait par là que les questions *politiques* — indépendance, centralisme — passaient les premières, qu'il fallait réussir la décolonisation politique pour créer les instruments de la décolonisation économique et sociale.

Or ces deux hommes, loin de se combattre, se connaissaient et s'aimaient. Fanon m'a souvent parlé de Lumumba; lui, si vite en éveil quand un parti africain se montrait vague ou réticent sur le chapitre des remaniements de structure, il n'a jamais reproché à son ami congolais de se faire, même involontairement, l'homme de paille du néo-colonialisme. Bien au contraire, il voyait en lui l'adversaire intransigeant de toutes les restaurations d'un impérialisme déguisé. Il ne lui reprochait — et l'on devine avec quelle tendresse — que cette inaltérable confiance en l'homme qui fit sa perte et sa grandeur. « On lui donnait, m'a dit Fanon, les preuves qu'un de ses ministres le trahissait. Il allait le trouver, lui montrait les documents, les rapports et lui disait : « Es-tu un traître? Regarde-moi dans les yeux et réponds. » Si l'autre niait en soutenant son regard, Lumumba concluait : « C'est bien, je te crois. » Mais cette immense bonté que des Européens ont appelée naïveté, Fanon la jugeait néfaste *en l'occasion* : à la prendre en elle-même, il en était fier, il y voyait un trait fondamental de l'Africain. Plusieurs fois, l'homme de la violence m'a dit : « Nous, les Noirs, nous sommes bons; la cruauté nous fait horreur. J'ai cru longtemps que les hommes d'Afrique ne se battraient pas entre eux. Hélas, le sang noir coule, des Noirs le font couler, il coulera longtemps encore : les Blancs s'en vont, mais leurs complices sont parmi nous, armés par eux; la dernière bataille du colonisé contre le colon, ce sera souvent celle des colonisés, entre eux. » Je le sais : le doctrinaire, en lui, voyait dans la violence l'inéluctable destin d'un monde en train de se libérer; mais l'homme, en profondeur, la haïssait. Les divergences et l'amitié de ces deux hommes marquent tout à la fois les contradictions qui ravagent l'Afrique et le besoin commun de les *dépasser* dans l'unité panafricaine. Et chacun d'eux retrouvait en lui-même ces problèmes déchirants et la volonté de les résoudre.

Sur Fanon, tout est encore à dire. Mais Lumumba, mieux connu, garde, malgré tout, maint secret. Nul n'a tenté vraiment de découvrir les causes de son échec [1] ni pourquoi le grand capital et la banque se sont acharnés contre un gouvernement dont le chef n'a jamais cessé de répéter qu'il ne toucherait pas aux capitaux investis ni de solliciter des investissements nouveaux. C'est à cela que serviront les discours qu'on va lire : ils permettront de comprendre pourquoi, malgré la modération de son programme économique, le leader du M. N. C. était tenu pour un frère d'armes par le révolutionnaire Fanon, pour un ennemi mortel par la Société Générale.

1. Je signale toutefois le très remarquable ouvrage de Michel Merlier, *Le Congo*, paru chez Maspéro.

On lui a reproché de jouer double, triple jeu.
Devant un public exclusivement congolais, il se
déchaînait; il savait se calmer s'il découvrait des
Blancs dans l'assistance et souffler habilement le
chaud et le froid; à Bruxelles, devant des auditeurs belges, il devenait prudent, charmeur et
son premier souci était de rassurer. Cela n'est
point faux, mais on peut en dire autant de tous
les grands orateurs : ils jugent vite leur public
et savent jusqu'où ils peuvent aller. Le lecteur
verra d'ailleurs que si la forme varie d'un discours à l'autre, le fond ne change pas. Sans doute,
Lumumba a évolué : la pensée politique du
jeune auteur de *Le Congo, terre d'avenir, est-il
menacé?* — écrit en 1956 — n'est pas celle de
l'homme jeune et mûri qui fonde le M. N. C.
Il a pu rêver un moment — nous saurons pourquoi — d'une communauté belgo-congolaise; à
partir du 10 octobre 1958, son opinion est faite
et déclarée, il n'en changera plus, l'indépendance devient son unique objectif.

Ce qui varie le plus — en fonction du public
—, c'est son appréciation de la colonisation
belge. Souvent, il insiste sur ses aspects positifs
— avec tant de complaisance, parfois, qu'on
croirait entendre un colon : mise en valeur du
sol et du sous-sol, œuvre éducatrice des missions, assistance médicale, hygiène, etc. Ne va-
t-il pas, une fois, jusqu'à remercier les soldats
de Léopold II d'avoir délivré les Congolais des
« Sauvages Arabes » qui faisaient la traite des
Noirs? Dans ces cas-là, il glisse sur la surexploitation, le travail forcé, les expropriations foncières,
les cultures obligatoires, l'analphabétisme délibérément maintenu, les répressions sanglantes,
le racisme des colons : il se contente de déplorer

les abus de certains administrateurs ou des petits
Blancs. Et d'autres fois, le ton change, comme
dans le discours enregistré du 28 octobre 1959
et, surtout, le 30 juin 1960, dans la fameuse
réponse au roi Baudouin : « Ce que fut notre
sort en quatre-vingts ans de régime colonialiste,
nos blessures sont trop fraîches et trop douloureuses encore pour que nous puissions le chasser
de notre mémoire... » etc. Est-ce le même homme
qui parle? Assurément. Ment-il? Certainement
pas. Mais ces deux conceptions opposées de
l'œuvre « civilisatrice » de la Belgique, s'il nous
en découvre tantôt l'une et tantôt l'autre, c'est
qu'elles coexistent en lui et traduisent la contradiction profonde de ce qu'il faut bien appeler
sa classe. L'exploitation coloniale, en dépit d'elle-
même, a doté le Congo de structures nouvelles.
Pour user des mots admis, on compte, dans les
années 50, 78 % de coutumiers, paysans soumis
aux chefferies, aux luttes tribales, contre 22 %
d'extra-coutumiers dont la plupart habitent
les villes. L'administration a beau mettre son
zèle à maintenir la population dans l'ignorance,
elle ne peut empêcher l'exode rural ni la proli-
fération urbaine, ni la prolétarisation ni, au sein
des extra-coutumiers, une certaine différenciation née des besoins de l'économie coloniale :
une petite bourgeoisie congolaise d'employés, de
fonctionnaires et de commerçants est en voie
de formation. Cette mince « élite » — cent cinquante mille personnes sur quatorze millions —
s'oppose aux ruraux butés sur leurs rivalités et
leurs traditions, commandés par des «chefs » vendus à l'administration, et aux ouvriers, violents
parfois mais qui, sans véritable organisation révolutionnaire, n'ont qu'une conscience de classe

encore embryonnaire. La position de la « petite bourgeoisie » noire est fort ambiguë, au départ, puisqu'elle croit tirer profit de la colonisation, et que ce profit la met à même de mesurer l'iniquité du système. En vérité ses membres — la plupart fort jeunes, puisqu'elle est elle-même un produit récent de l'évolution coloniale — sont *recrutés* par les grandes sociétés ou l'Administration; il n'en est pas encore qui soient, à trente ans, petits-bourgeois par naissance. Le père de Lumumba est un paysan catholique; dès six ans, il l'emmène aux champs, ce sont les Pères passionnistes qui décident que l'enfant ira à l'école; plus tard, à treize ans, ce sont les missionnaires protestants qui le leur souffleront. En tout cela, le rôle du père et de l'enfant semble nul. Émile Lumumba a désapprouvé son fils quand, à treize ans, il est passé à la mission suédoise, mais que pouvait-il faire? Tout s'est décidé en dehors d'eux; les « Monpès » voulaient en faire un catéchiste, les Suédois plus pratiques veulent lui donner un métier qui lui permette de quitter la paysannerie pour le salariat et de vivre sur son propre sol, dans une des agglomérations que les Blancs ont fait naître, en *auxiliaire* des colons. Patrice a passé son enfance dans la brousse : on connaît l'abominable misère des paysans noirs; sans les organisations religieuses qui l'ont pris en charge, cette misère serait son lot, son unique horizon. A-t-il tout de suite compris que les Missions sont les agents recruteurs du colonat? Non, sans doute. A-t-il vu que la condition de vie rurale est, directement ou indirectement, le produit de l'exploitation coloniale? Non plus : aux environs de sa naissance, l'administration mesure les désavantages de la

contrainte trop visible et du travail forcé. Elle
cherche à intéresser le paysan à la production,
encourage la propriété individuelle. Patrice prend
la misérable indépendance de son père dans la
solitude du paysage congolais pour un état de
nature : loin d'en être responsables, les Blancs
sont les bons Messieurs qui vont l'en tirer. On
a dû, vers ce moment, lui donner d'étranges
lumières sur sa situation : la foi chrétienne est
la redevance que les jeunes Congolais paient
aux Églises qui leur apprennent à lire. Les
Pères lui donnaient une ambition farouche de
connaître sa misère par les causes et, simultané-
ment, l'envie de s'y résigner. Il a noté cette
contradiction, plus tard, dans un poème :

Pour te faire oublier que tu étais un homme
On t'apprit à chanter les louanges de Dieu
Et ces divers cantiques, en rythmant ton calvaire
Te donnaient l'espoir en un monde meilleur
Mais en ton cœur de créature humaine, tu ne
                                    demandais guère
Que ton droit à la vie et ta part de bonheur.

La religion prosterne en même temps qu'elle
émancipe. Et puis elle offre le salut : le monde
meilleur n'est qu'un alibi mais on est bien forcé
d'enseigner qu'on y entrera par le mérite et non
pas en fonction de la couleur. Quel que soit
l'effort de nombreux prêtres pour le masquer,
l'égalitarisme de l'Évangile garde sa valeur dis-
solvante aux colonies. Il n'agit pas seulement
sur les catéchumènes mais sur le missionnaire lui-
même, parfois : soit qu'ils aient voulu prévenir
un congrès du Parti socialiste de Métropole, soit
par conviction, soit par les deux raisons ensemble,
les missionnaires de Scheut ont approuvé en

1956 le manifeste d'Iléo, un évolué de trente-sept ans qui réclamait l'indépendance — à long terme — du Congo. Quand Patrice, à dix-huit ans, quitte la brousse pour Kindu où la compagnie Symaf l'embauche à titre de « commis aux écritures », il s'agit en même temps d'un fait très général de l'exode rural et de l'étape capitale d'une « prise de conscience ». Un jeune paysan qui a lu Rousseau et Victor Hugo rencontre tout à coup la ville; son niveau de vie se transforme radicalement : il allait à l'école en pagne, il se rend au travail en complet veston; il vivait dans une case, il habite une maison et gagne assez d'argent pour acheter et faire venir Pauline, sa fiancée Mututela, qui devient sa femme. Il travaille frénétiquement. Les Blancs se prétendent surpris de son zèle : les Congolais, disent-ils, sont à l'ordinaire des paresseux. Mais ces colons obtus ne comprennent pas que la fameuse « paresse de l'indigène », mythe entretenu dans toutes les colonies, est une forme de sabotage, la résistance passive d'un paysan, d'un manœuvre surexploité. La frénésie de Patrice, au contraire, le classe pour un temps dans la catégorie de ceux qu'il appellera plus tard des « collabos ». Ce fils de paysan est, à présent, un « évolué »; il postule une « carte d'immatriculation » et l'obtient difficilement — ils sont cent cinquante immatriculés sur tout le territoire — grâce à l'intervention des Blancs : cela veut dire qu'il *parie pour eux*; il a pris conscience de son importance, de celle de la jeune « élite », qui se forme partout. Les « évolués » forment une couche sociale qui s'épaissit lentement et qui est l'indispensable auxiliaire des grandes compagnies et de l'Administration. Noir, Patrice Lumumba tient son puissant orgueil de ses fonctions, de l'instruction reçue, des livres lus, de la méfiance vaguement déférente dont les Blancs l'entourent. C'est à cette extraordinaire et commune métamorphose qu'il pense quand il expose, plus tard, les bienfaits de la colonisation.

Mais sa prise de conscience est double et contradictoire : en même temps qu'il jouit de son ascension, de l'estime bienveillante de ses chefs, il connaît qu'il a, dès vingt ans, atteint son zénith. Au-dessus de tous les Noirs, il restera pour toujours au-dessous de tous les Blancs. Bien sûr, il peut gagner davantage, devenir, après un apprentissage, postier de troisième classe, à Stanleyville. Mais quoi? A valeur égale et pour le même travail, un commis belge touchera le double de son salaire; en outre, Lumumba sait, après ce foudroyant départ, que le lièvre s'est soudain changé en tortue : il lui faudra vingt-quatre ans pour atteindre la première classe, après quoi il y demeurera jusqu'à la retraite. Or, ce rang subalterne est occupé d'emblée par l'Européen qui peut espérer, de là, s'élever aux plus hauts emplois. Dans la Force publique, il en est de même : un « Nègre » ne peut monter plus haut que le grade de sergent. De même aussi dans le secteur privé. Les Blancs l'ont élevé au niveau qu'ils ont souhaité et puis ils l'y maintiennent : son destin est aux mains des autres. Il éprouve sa condition dans l'orgueil et dans l'aliénation. Il entrevoit, par-delà sa situation personnelle, la lutte de classes nue; il écrira, à trente et un ans : « Un véritable duel existe entre les employeurs et les employés au sujet des salaires. » Mais le salariat des évolués n'est pas le prolétariat : les revendications de

Lumumba se fondent sur la conscience de sa valeur professionnelle — comme celles des anarcho-syndicalistes en Europe, à la fin du siècle dernier — et non sur le besoin qui fonde en tout lieu les exigences des prolétaires et du sous-prolétariat. Vers le même temps, il connaît — surtout à Léopoldville — qu'on l'a mystifié : son « immatriculation », si péniblement obtenue, le détache des Noirs, sans l'assimiler aux Blancs. Pas plus que les *non-évolués*, l'immatriculé n'a le droit d'entrer dans la ville européenne, à moins d'y travailler; pas plus qu'eux, il n'échappe au couvre-feu; il les retrouve, quand il fait ses achats, au guichet spécial qu'on réserve aux Noirs; il est victime comme eux, en toute occasion, en tout lieu, des pratiques ségrégationnistes. Or, il faut le noter, le racisme et la ségrégation sont, pour lui, une expérience nouvelle : on fait, dans la brousse, celle du malheur et de la sous-alimentation, on peut deviner la vérité des colonies qui est la surexploitation; mais le racisme n'apparaît guère, faute de contact entre les Noirs et les Blancs : le paternalisme doucereux des missionnaires a pu lui faire illusion; les pratiques de discrimination se découvrent dans les villes, ce sont elles qui constituent la vie quotidienne du colonisé. Encore faut-il s'entendre : le prolétariat éreinté, sous-payé, souffre beaucoup plus de la surexploitation que de la discrimination raciste qui en est la conséquence. Quand Lumumba dénonce, le 30 juin 1960 : « le travail harassant exigé en échange de salaires qui ne nous permettaient ni de manger à notre faim, ni de nous vêtir ou nous loger décemment, ni d'élever nos enfants... » il parle au nom de tous. Mais lorsqu'il ajoute : « Nous avons connu qu'il y avait dans les villes des maisons magnifiques pour les Blancs et des paillotes croulantes pour les Noirs, qu'un Noir n'était jamais admis dans les cinémas ni dans les restaurants ni dans les magasins dits européens; qu'un Noir voyageait à même la coque des péniches, aux pieds du Blanc dans sa cabine de luxe », c'est la classe des évolués qui s'exprime par sa voix. Et quand il écrit, en 1956, que « l'immatriculation devait être considérée comme la dernière étape d'intégration », il défend les intérêts d'une poignée d'hommes qu'il contribue par là même à couper de la masse. De fait, les intérêts de cette élite, créée par les Belges de toutes pièces, exigent une assimilation chaque jour plus poussée : égalité des Blancs et des Noirs sur le marché du travail, accès des Africains à tous les postes dans la mesure où ils ont les capacités requises. Ce n'est pas, comme on voit, l'africanisation des cadres qu'il revendique mais leur semi-africanisation. N'est-il pas à craindre, en ce cas, que les Noirs admis aux postes supérieurs soient des complices de l'oppression coloniale ou tout au moins des otages? Lumumba n'est pas encore conscient du problème. De fait, l'année même où Iléo, dans son manifeste, exige l'indépendance à terme, Patrice en est encore à tracer l'esquisse d'une « communauté belgo-congolaise ». À l'intérieur de cette communauté il demande l'égalité des citoyens. Mais cette égalité, d'ici longtemps, ne jouera qu'en faveur des évolués : « Nous croyons qu'il serait possible d'accorder dans un avenir relativement proche, des droits politiques aux élites congolaises et aux Belges du Congo, suivant certains critères qui seront établis par le **Gouvernement. »**

Cependant, Lumumba, dès cette époque, est le contraire de ceux qu'il nommera plus tard des « collabos ». C'est qu'il éprouve jusqu'au bout la contradiction de sa classe : créée de toutes pièces par les nécessités de la colonisation, il sait que les entreprises du capitalisme belge l'ont coupée des masses et qu'elle n'a d'autre avenir que dans le système colonial; mais, dans le même moment, il a conclu de son expérience urbaine que cet avenir lui est définitivement refusé par les colons et l'Administration. La « communauté belgo-congolaise », dans le moment même qu'il la propose, il n'y croit plus : la rigidité du système qui l'a suscité pour mieux l'exploiter, il l'a découverte enfin; aucune réforme n'est concevable par cette seule raison que le colonialisme se maintient par la contrainte et disparaît quand il fait des concessions. La seule solution sera révolutionnaire : la rupture, l'indépendance.

Iléo, nous venons de le voir, l'avait réclamée avant lui. Et Kasavubu, chef de la puissante Abako. Lumumba n'a pas « inventé » l'indépendance; d'autres lui en ont découvert la nécessité. S'il en fut pourtant le promoteur et le martyr, c'est qu'il la voulait complète et plénière sans que les événements lui aient donné la possibilité de la réaliser. De fait, la plupart des organisations nationalistes se forment nécessairement dans un cadre régional : le P. S. A. s'établit au Kwango Kwilu, le C. E. R. E. A. au Kivu : ils parviennent — difficilement — à concilier les ethnies mais, par cette raison même, ils ont du mal à s'étendre au-delà des provinces. Leur nationalisme — quand il existe — est en fait un fédéralisme : ils rêvent d'un pouvoir central très limité dont la principale fonction serait d'unir des pro-

vinces autonomes. A Léopoldville, les choses
vont plus loin encore : la supériorité numérique
des Bakongo permet à l'Abako d'être tout à la
fois un parti régional et ethnique. Pour ne considérer que ce dernier cas, il résulte de là une
double conséquence : l'Abako est un mouvement
puissant mais archaïque; société secrète et parti
de masse, tout ensemble, ses principaux chefs
sont des évolués mais qui ne sont pas coupés du
peuple parce qu'ils en ont repris la revendication fondamentale : indépendance immédiate
pour le Bas-Congo. Kasavubu, le premier d'entre
eux, est un personnage ambigu, secret, dont on
pourrait dire tout à la fois qu'il a su, bien que
recruté par l'Administration, rester en contact
direct avec sa base ethnique et qu'il n'a jamais
eu ni les moyens, ni l'occasion, ni la volonté de
s'élever jusqu'à la conscience claire de sa propre
classe. Séminariste sans la foi puis instituteur, il
est uni au Bakongo par un lien obscur, messia-
nique; il est leur chef religieux, leur roi, la preuve
vivante qu'ils sont le *peuple élu*. Élu président
du Congo indépendant, il vivra tout à coup
dans la contradiction la plus entière : son office
lui commande de préserver l'unité nationale —
en particulier contre la sécession katangaise qui
risque de ruiner le Congo — son peuple réclame
de lui qu'il soit lui-même sécessionniste et res-
taure — en reprenant au Congo français quelques
territoires — l'antique royaume Kongo. Incapable de dominer la situation, il oscillera d'un
fédéralisme anarchique à un centralisme dicta-
torial, appuyé sur la force militaire. Surtout, il
fera le jeu de l'impérialisme, inconsciemment
d'abord et puis très consciemment ; il ne s'agit
point ici de psychologie mais de détermination

objective : séparatiste en son essence, l'Abako,
après l'indépendance, devait ruiner l'œuvre des
nationalistes au profit des puissances étrangères.
Au moment où Lumumba s'éveille à la conscience nationale, par contre, *avant* l'indépendance, ce mouvement confus, à la fois obscuran-
tiste et révolutionnaire, a fait plus qu'aucun
parti pour la libération du Congo. Dès 1956, il
répondait au manifeste d'Iléo, aux réflexions de
Lumumba sur la « communauté » en réclamant
l'indépendance immédiate et la *nationalisation
des grandes entreprises.* On aurait pu croire qu'il
avait un programme révolutionnaire et socialiste ou, à tout le moins, que les revendications
de la base parvenaient jusqu'au sommet : mais
non, la suite l'a bien prouvé. Il ne s'agissait que
d'une surenchère : il fallait que l'Abako fût le
plus radical des partis. En vérité, il l'était : en
ce sens que les Bakongo représentent 50 % de la
population noire, à Léopoldville, et qu'ils fournissent la ville de sa main-d'œuvre non qualifiée.
Disciplinés, on peut les mobiliser à chaque instant, par des mots d'ordre clandestins : ce sont
eux qui font les grèves, les campagnes de déso-
béissance; que leurs chefs interdisent de voter,
pas un n'approche des urnes. Ce sont eux aussi
qui — sur des ordres précis ou malgré des interdits rigoureux? la question reste sans réponse —
ont fait les émeutes de janvier 1959. Les évolués
n'avaient aucun pouvoir sur les masses — sauf
au Bas-Congo —,leur nombre et leur mode de
vie les rendaient incapables de passer à l'action
directe. Il faut reconnaître qu'ils ont eu peu de
poids dans les événements de janvier 1959. En
vérité c'est la crise économique, cette récession
coloniale qui touche durement la Métropole, et

l'agitation des masses prolétarisées dont le niveau
de vie se détériore sensiblement, c'est cela —
joint aux maladresses de l'Administration — qui
a décidé le Gouvernement métropolitain à donner brusquement au Congo son indépendance,
c'est-à-dire à troquer — avec l'approbation des
grandes compagnies — le régime colonial contre
un néo-colonialisme.

Lumumba n'a pas fait la révolution congolaise;
sa situation d'évolué coupé du prolétariat urbain
et davantage encore des campagnes lui interdisait de recourir à la violence : sa résolution — il
s'y tint jusqu'à la mort — d'être un « non-
violent » a pour origine, beaucoup plus qu'un
principe ou qu'un trait de caractère, une recon-
naissance lucide de ses pouvoirs. Dès 1956, il est, à
Stanleyville, l'idole des foules. Mais une idole
n'est pas un leader, à la façon de N'Krumah qu'il
admire, et moins encore un sorcier comme ce
Kasavubu qui l'inquiète. Il le sait : il sait qu'il
peut convaincre un auditoire, avec ce don qu'il
a de parler n'importe où, à n'importe qui et cette
culture qu'il a reçue des Belges et qui se retourne
contre eux; mais il faut d'autres dons que la
parole pour donner le pouvoir de lancer des
hommes, les mains nues, contre des mitraillettes.
Pourtant, c'est lui qui va capter la Révolution au
passage, la marquer de son sceau, l'orienter.
Pourquoi? Parce que sa condition d'assimilé et la
nature de son travail lui permettent de s'élever
jusqu'à l'universalité. Il a connu la brousse, les
petites agglomérations urbaines, les grandes villes
de province et la capitale : il a, dès dix-huit ans,
échappé au provincialisme. Ses lectures et l'enseignement chrétien lui ont donné une image de
l'homme, encore abstraite mais dégagée du

racisme : il est frappant que, dans ses discours, il explique la situation du Congo par des références constantes à la Révolution française, à la lutte des Pays-Bas contre les Espagnols. Et, bien entendu, il y a dans ces allusions quelque chose comme un argument *ad hominem* : comment pourriez-vous, Blancs, empêcher les Noirs de faire ce que vous avez fait? Mais, au-delà de ces intentions polémiques, il se réfère à un humanisme de principe qui ne peut pas ne pas être l'idéologie des évolués : c'est au nom de l'*homo faber*, en effet, que ceux-ci réclament l'égalité des Belges et des Congolais sur le marché du travail. Ce concept universel place Lumumba d'emblée au-dessus des ethnies et du tribalisme : il permet à cet errant de profiter de ses voyages et de déchiffrer les problèmes locaux en fonction de l'universel. C'est sous cet angle de vue qu'il saisira — par-delà les diversités des coutumes, les rivalités et les discordes — l'unité des besoins, des intérêts, des souffrances. L'Administration l'a placé au-dessus du niveau commun : c'est l'isoler, sans aucun doute, mais c'est aussi lui permettre de comprendre la condition du Congolais dans sa généralité. Désormais, quel que soit l'auditoire, il ne cesse d'affirmer l'unité de sa patrie : ce qui divise les hommes, ce sont des vestiges d'un passé précolonial soigneusement conservés par l'Administration; ce qui les unit, négativement aujourd'hui, c'est un certain malheur commun, plus profond que les traditions et les coutumes puisqu'il les attaque aux sources de la vie par le surtravail et la sous-alimentation; bref, c'est la colonisation belge qui crée la nation congolaise par une agression perpétuelle et omniprésente.

C'est vrai et c'est faux. La colonisation unifie mais elle divise au moins autant : non seulement par calcul et machiavélisme — ce ne serait rien — mais par la division du travail qu'elle introduit et les couches sociales qu'elle crée et stratifie. Les liens socio-professionnels tendent à l'emporter, dans les villes, sur les liens tribaux, mais, à mieux regarder, les divisions selon l'emploi, le niveau de vie et l'instruction se surajoutent aux divisions ethniques à l'intérieur des quartiers noirs. A quoi il faut ajouter les conflits qui opposent les premiers en date des urbanisés aux derniers. Le prolétariat des camps n'est pas celui des villes et surtout, les « coutumiers » ruraux dirigés par une chefferie conservatrice et, le plus souvent, vendue aux Européens, n'entrent pas dans les vues des citadins évolués. Mais la petite-bourgeoisie naissante doit *nécessairement* commettre l'erreur de la bourgeoisie française au temps de la Révolution : en face d'un prolétariat sans organisation, aux revendications confuses, et d'une paysannerie dont elle est issue et dont elle croit connaître les aspirations, *elle se prend pour la classe universelle*: la seule différenciation dont elle veuille tenir compte ne ressortit pas à l'économie : les évolués se définissent eux-mêmes, selon le vœu de l'administration coloniale, par leur degré d'instruction; la culture qu'ils ont reçue, c'est leur orgueil et leur substance la plus intime : elle leur impose, pensent les meilleurs, le devoir rigoureux de conduire leurs frères analphabètes des camps et de la brousse vers l'autonomie ou l'indépendance. Je dis que cette illusion est inévitable : comment Lumumba — qui allait à l'école des « Monpès » *en pagne* et qui gardera jusqu'à sa mort des attaches paysannes — pourrait-il se tenir vraiment pour le représentant d'une classe nouvelle; s'il vit mieux, c'est par son *mérite*, tout simplement. Le mot abject et fort adroitement choisi d'*évolué* masque la vérité : une petite couche de privilégiés se prend pour l'aile avancée des colonisés. Tout conspire à tromper Lumumba : en août 1956, les revendications des évolués furent soutenues, lors de l'assemblée générale de l'A. P. I. C.[1], par l'unanimité des délégués. Il voit dans cet accord des masses et de l'élite un signe de l'unité profonde des Congolais. A la lumière des événements, nous comprenons aujourd'hui qu'il s'agissait d'une entente abstraite : les masses indigènes sont fières de leurs « évolués » qui font la preuve *pour tous* qu'un Noir, pourvu qu'on lui en offre l'occasion, peut égaler ou surpasser un Blanc; elles appuient les exigences de l'élite privilégiée — surtout en paroles et par des applaudissements — parce qu'elles y voient une prise de position radicale de l'exploité en face de l'employeur : c'est un exemple et un symbole; à partir de là, les délégués peuvent envisager une radicalisation des revendications ouvrières. Mais celle-ci, quand les circonstances la produiront, aura pour effet de briser net l'alliance des masses et de la petite-bourgeoisie.

Lumumba s'y est trompé mais cette inévitable erreur a eu des conséquences positives; pour tout dire, il *a eu raison*, historiquement, de la commettre. C'est elle qui lui a permis d'affirmer avec tant de force que l'unité seule permettrait au

1. A. P. I. C. : Association du Personnel Indigène de la Colonie.

Congo d'obtenir l'indépendance. Cette formule, si souvent répétée, est d'ailleurs parfaitement juste à la condition d'ajouter que le mouvement unitaire doit venir de la base et déferler sur le pays en raz de marée. Pour le malheur du Congo, les divisions sociales, la timidité des revendications, l'absence d'appareil révolutionnaire issu des masses et contrôlé par elles ont rendu, rendent encore ce déferlement impossible : ce sera l'histoire de la décennie prochaine. Lumumba, écouté partout dans l'enthousiasme, pouvait croire que les masses suivraient les évolués jusqu'au bout. Cette unité qu'il tenait à la fois pour déjà réalisée et toute à faire, à demi *moyen*, fin suprême à demi, c'était à ses yeux la Nation elle-même. La Nation : le Congo s'unifiant par la lutte qu'il mènerait pour son indépendance. Mais le futur Premier ministre ne pousse pas la naïveté jusqu'à croire que ce rassemblement se ferait dans la spontanéité. Il pose simplement ce principe négatif : l'administration divise pour régner, le seul moyen de lui faire perdre sa puissance est de supprimer partout les divisions qu'elle a créées. Il faut en finir avec le tribalisme, avec le provincialisme, avec les conflits artificiels et les cloisons étanches qu'elle maintient. La démocratie, oui. Mais qu'on n'aille pas la confondre, comme Iléo, avec un fédéralisme. Quelle que soit l'intention, si minime que soit l'autonomie régionale qu'un parti réclame, c'est le ver dans le fruit, elle gâtera tout, l'impérialisme l'exploitera *sur-le-champ*. Lumumba comprend que l'Abako sera pendant quelque temps un remarquable outil pour renverser le colonialisme et qu'elle risquera plus tard d'être le meilleur instrument pour le restaurer. Postier, son travail l'intègre à l'Administration coloniale et lui permet d'en découvrir le caractère principal : la centralisation. Cette découverte lui est d'autant plus facile que le hasard a fait de lui un rouage du système centralisé des communications. Les Postes étendent leur réseau à toutes les provinces, à la brousse même; par elles, les ordres du gouverneur sont transmis aux gendarmeries locales, à la Force publique. La Nation congolaise, si elle doit un jour exister, devra sa cohésion à un pareil centralisme : Patrice rêve d'un pouvoir synthétique de rassemblement, agissant partout, imposant partout la concorde, la communauté d'action, recevant des informations des bourgs les plus lointains, les concentrant, basant sur elles l'orientation de sa politique et renvoyant par le même chemin, jusque dans les hameaux, les informations et les ordres à ses représentants. Le Gouvernement atomise les colonisés et les unifie *de l'extérieur,* en tant que sujets du roi. L'indépendance ne sera qu'un mot si l'on ne substitue à cette *cohésion par le dehors* une totalisation *par l'intérieur.* L'Administration belge ne peut être remplacée que par un parti de masse, omniprésent, comme elle, démocratique — cela veut dire : issu du peuple et contrôlé par lui. Mais d'autant plus autoritaire que — aussi longtemps du moins que le Congo libre ne se sera pas donné ses institutions — lui seul aura la charge de défendre la Nation contre les effets encore virulents d'une atomisation pratiquée pendant quatre-vingts ans. Lumumba est si conscient des périls qu'il souhaite remplacer l'inutile multiplicité des mouvements nationalistes par un parti unique. Sur ce projet nous avons peu de renseignements. On sait toutefois

qu'il s'agissait d'un parti *à l'africaine* : non pas,
comme le P. C. d'U. R. S. S., un organe restreint
qui coopte ses nouveaux membres, mais la population entière, hommes et femmes, chacun devenant *en même temps* citoyen et militant. Il craignait que l'opposition, si elle devait rester à
l'extérieur du Parti, ne conduisît à quelque séparatisme, donc à la mort du Congo. A l'intérieur,
il ne l'eût pas refusée. Il a souvent répété que
les discussions y seraient franches et libres. Ce
qu'il n'a pas dit mais qui va de soi, comme en
tous les cas d'extrême urgence, c'est que les
minorités, après les votes, seraient contraintes
d'adopter le point de vue des majorités et que
l'opposition, chaque fois dissoute pour renaître
ailleurs, à propos d'autres problèmes, ne repré-
senterait, en somme, que le libre exercice du
jugement de chacun dans la circonstance présente et serait privée de moyens de se constituer
une mémoire, de se structurer comme un parti
dans le Parti.

Il attachait moins d'importance — en tout
cas pour les premiers temps de l'indépendance —
à l'élaboration d'un programme économique et
social qu'à cette fonction primordiale du Parti,
griffe étreignant le Congo à la place de la vieille
serre coloniale : empêcher à tout prix l'effrite-
ment du pays. Mais ce souci même avait des
motifs économiques : il n'ignorait rien des manœuvres de la Conakat et n'avait aucun doute
sur ce qui résulterait de la sécession katangaise.
Ainsi ce jacobinisme politique s'inspirait, au
fond, d'une connaissance pratique des réalités
congolaises. Tout ce qui s'est passé par la suite,
ses discours prouvent qu'il le prévoyait : sa seule
erreur fut de croire qu'on pouvait conjurer le

désastre par la création d'un grand parti moderne qui remplaçât en temps voulu la force coercitive de l'occupant.

On sait que la Métropole servit, bien malgré elle, de lieu de rencontre à des Congolais d'ethnies différentes. Ce fut à l'occasion de l'Exposition universelle. L'unité de leurs oppresseurs blancs fait découvrir négativement à ces Noirs isolés dans Bruxelles leur unité d'opprimés, plus forte, croient-ils, que leurs divisions. De fait, *en Belgique*, les Congolais n'ont conscience que de ce qui les rapproche. Au retour, ils conservent l'abstraite espérance de souder les colonisés, d'où qu'ils viennent, en un parti supra-ethnique. Ce Parti, Lumumba, seul, est qualifié pour le fonder. Ce sera le M. N. C. Mais la composition du mouvement révèle bientôt sa nature : il est universaliste, par-delà les ethnies et les frontières, parce que ses militants sont des *universalisés*, en un mot c'est le mouvement des évolués; on lui trouvera des militants un peu partout et sans trop de peine — au moins dans les villes — parce que l'Administration et les grandes compagnies ont réparti partout les fonctionnaires et les employés qu'elles ont forgés. Mais le rêve de faire un parti de masse s'effondre : c'est tout au plus un parti de cadres et d'agitateurs. La faute n'en est à personne : il n'en pouvait être autrement; le M. N. C. c'est la petite-bourgeoisie congolaise en train de découvrir son idéologie de classe.

Lumumba est le plus radical : lucide et aveugle, tout ensemble, s'il ne voit pas le conditionnement social et l'impossibilité présente de son unitarisme, il comprend fort bien au contraire que les problèmes du Congo sont ceux de l'Afrique entière; mieux : son pays ne trouvera la

force de survivre à l'indépendance que dans le
cadre d'une Afrique libre. Il assiste, comme
représentant du M. N. C., à la conférence d'Accra. Il y prend la parole et commente en ces
termes ce besoin unitaire qui naît un peu partout sur le continent et dont la réunion d'Accra
est l'effet direct :

« Cette conférence... nous révèle une chose :
malgré les frontières qui nous séparent, malgré
nos différences ethniques, nous avons la même
conscience, la même âme qui baigne jour et nuit
dans l'angoisse, les mêmes soucis de faire de ce
continent africain un continent libre, heureux,
dégagé de l'inquiétude, de la peur et de toute
domination colonialiste. » Remplacez Afrique
par Congo, continent par nation, vous retrouve-
rez les phrases qu'il répète tous les jours, dans
toutes les provinces de son pays : c'est que le
Congo lui paraît un condensé de toutes les différences qui perpétuent les séparatismes africains :
on y trouve des frontières provinciales, des conflits
ethniques et religieux, des différenciations économiques tant verticales (strates sociales) qu'hori-
zontales (répartition géographique des ressources). Il n'y a donc à ses yeux qu'une seule
tâche : lutter pour l'indépendance c'est lutter
pour l'unité nationale. Mais, du même coup,
pour l'Afrique libre; inversement — il le préci-
sera plus tard — tout ce qui hâte l'intégration
des États multiples en une seule fédération
avance l'heure où les derniers colonisés se débar-
rasseront de leurs derniers colons. La suite des
événements montre qu'il avait sur ce point une
idée pratique et fort nette : les États parvenus
à l'indépendance doivent aider, par tous les
moyens, les pays encore asservis à rejeter toutes

les tutelles. On sait qu'il demandera, deux ans et demi plus tard, quand il sentira que la frêle République congolaise est en passe de se désagréger, l'appui des troupes ghanéennes. S'il eût gagné la partie, nul doute que le Congo eût aidé l'Angola, tous les pays voisins : le panafricanisme déclaré de Lumumba lui a valu quelques-uns de ses plus redoutables adversaires, les Blancs de la Rhodésie, de l'Afrique du Sud, et, plus sournoisement, les conservateurs anglais. Le Congo panafricain, c'eût été d'abord un exemple, un ferment dans tous les cœurs encore asservis. Mais surtout, ce grand pays eût fourni de cent manières les soutiens les plus efficaces aux organisations révolutionnaires des pays voisins. Non pas uniquement par fraternité mais aussi parce que c'était la seule politique africaine qui s'imposât : libéré, le Congo restait environné d'ennemis mortels; il fallait que les Noirs brisent leurs chaînes, en Rhodésie, en Angola, qu'ils renversent le gouvernement néo-colonialiste de Youlou — ou bien qu'ils retombent au Congo dans l'esclavage. Ce que Lumumba laisse entendre — mais nous savons qu'il l'a compris sur-le-champ — c'est que l'indépendance congolaise n'est pas un aboutissement mais le début d'une lutte à mort pour conquérir la souveraineté nationale. On peut obtenir le départ des Belges par une organisation *intérieure*; quand ils seront partis, le péril ne sera conjuré que par une politique *extérieure*, la jeune nation, ayant perdu ses maîtres sans avoir trouvé les moyens d'exercer sa liberté, sera contrainte de s'appuyer sur les États moins jeunes et déjà parvenus à la souveraineté, il faudra qu'elle appuie les mouvements nationaux dans les colonies qui

l'entourent. Par cette raison, Lumumba, dans
son intervention d'Accra, souligne le conditionnement réciproque des deux objectifs que la
conférence a finalement dégagés et qui, à juste
titre, n'en font qu'un seul dans son esprit :
« La lutte contre les facteurs internes et externes
qui constituent un obstacle à l'émancipation
de nos pays respectifs et à l'unification de
l'Afrique. » Il est toutefois trop engagé dans la
lutte politique de libération pour insister sur
l'aspect fondamental du panafricanisme : que
l'Afrique ne peut se faire sans produire *pour
elle-même* un marché africain. L'organisation
d'un marché commun à l'échelle du continent
noir implique d'autres problèmes et d'autres
luttes : il n'est pas temps encore, pour le M. N. C.,
de les envisager. Il n'est pas temps non plus de
découvrir et de dénouer la mystification que
recouvre, en maint pays — par exemple au
Congo français — le mot prestigieux d'indépendance : d'autant moins que de Gaulle en le pro-
nonçant à Brazzaville, la même année, a suscité
dans la colonie belge un véritable enthousiasme
et rallié d'un coup les plus hésitants à la revendication maximaliste. N'importe : ce qui manque
à Lumumba, c'est une connaissance approfondie
des nouvelles nations et de leurs infrastructures :
faute de quoi il apprendra trop tard que certains États noirs sont par constitution des ennemis jurés de l'indépendance congolaise. Surtout,
formé par l'oppression la plus dure et la ségrégation la plus abjecte, il n'a pu concevoir d'autre
adversaire que le vieux colonialisme, antique
machine si raide qu'il faut qu'elle écrase ou
qu'elle craque. C'est contre lui qu'il se prépare à
combattre : de fait, il est là, représenté par le

petit colonat, par l'administration. Mais le leader noir ne soupçonne pas que cet ogre, encore
si vif et si méchant, est, en réalité, déjà mort;
que les gouvernements impérialistes et les grandes
compagnies ont décidé, en face de la crise coloniale, de liquider les formes classiques de l'oppression et les structures ossifiées, nuisibles, qui
se sont établies au cours du siècle précédent.
Il ne sait pas que les anciennes métropoles
veulent confier le pouvoir nominal à des « indigènes » qui, plus ou moins consciemment, gou-
verneront en fonction des intérêts coloniaux; il
ne sait pas que les complices ou les hommes de
paille sont désignés d'avance en Europe, qu'ils
appartiennent tous à la classe recrutée et for-
mée par l'Administration, à la petite-bourgeoisie
d'employés et de fonctionnaires, *à sa propre
classe*. Cette ignorance va le perdre. Il est de
l'élite, c'est vrai, donc coupé des masses qu'il
est censé représenter : ses militants sont tous de
petits-bourgeois; c'est avec eux, s'il gagne, qu'il
formera le premier gouvernement. Mais son intelligence et son dévouement profond à la cause
africaine font de lui un Robespierre noir. Son
entreprise est à la fois limitée — politique,
d'abord, le reste viendra en son temps — et universelle. Les « Monpès » l'ont arraché au monde
coutumier des non-évolués; il s'est même, au
départ, grisé par son jeune savoir, fait le porte-
parole de l'élite, il a réclamé pour elle l'intégration complète. Mais l'universalisme, en lui, a fini
par tout emporter. Sans doute est-ce un principe idéologique de sa classe. Et, nous l'avons
vu, une illusion d'optique. Mais cet humanisme
qui, chez les autres, masque la particularité des
intérêts de classe, il en a fait sa passion person-

nelle; il s'y dévoue tout entier, il veut rendre
aux sous-hommes de la surexploitation coloniale
leur humanité natale. Bien sûr, cela ne se fait
pas sans un remaniement de toutes les structures, bref sans réforme agraire et sans natio-
nalisations : sa formation de démocrate bourgeois
l'empêche de discerner la nécessité de cette res-
tructuration fondamentale. Ce n'est pas si grave :
comment l'eût-il découverte en l'absence d'organisations prolétariennes canalisant et clarifiant
les revendications politiques? Eût-il gardé plus
longtemps le pouvoir, les hommes et les circonstances l'eussent mis au pied du mur :
néo-colonialisme ou socialisme africain. N'ayons
aucun doute sur le choix qu'il eût fait. Malheureusement, en fondant le M. N. C., en prenant
des contacts avec les leaders des autres partis
— c'est-à-dire avec d'autres évolués — il mettait en place, sans le moindre soupçon, les éléments les plus actifs de sa propre classe, c'est-
à-dire des hommes que leurs intérêts communs
et particuliers disposaient depuis longtemps à le
trahir, qui, dès les premiers jours de juillet 1960,
considérèrent qu'il les avait trahis. De fait, le
conflit qui l'opposa à ses ministres, à la minorité
du Parlement, n'a pas d'autre origine : ces petits-
bourgeois voulaient constituer la petite-bourgeoisie en classe dirigeante — ce qui revenait
objectivement à se rapprocher des puissances
impérialistes; il se voulait guide, ne se croyait
d'aucune classe, refusait, dans son zèle centralisateur, de prendre au sérieux les différenciations d'origine économique ni plus ni moins que
les divisions tribales : le Parti unique ferait sauter ces barrières comme les autres et concilierait
tous les intérêts. Il se peut d'ailleurs qu'il ait eu,

plus ou moins clairement, le projet de réorgani-
ser l'économie par étapes et qu'il ait, par pru-
dence, tenu ses intentions secrètes. On l'en soup-
çonnait en tout cas : et ce n'est pas seulement
l'affaire des avions russes qui l'a fait taxer brusquement de communisme. Les plus avisés des
parlementaires et des ministres craignaient certainement que son jacobinisme ne s'achevât en
socialisme par la vertu même de son humanisme unitaire. Ce qui importe, en tout cas, c'est
qu'il a mis sa classe au pouvoir et qu'il se disposait à gouverner contre elle. Pouvait-il en
être autrement? Non : le prolétariat, pendant les
dernières années de la colonisation, n'a pas fait
un acte qui pût l'imposer à ces petits-bourgeois
comme un interlocuteur valable.

II. LES RAISONS DE L'ÉCHEC

A son retour d'Accra, le leader du futur Parti
unique devient en fait l'homme de la concilia-
tion : sous son influence le M. N. C. tenta de
s'allier aux principaux mouvements nationalistes. Le Front commun qu'il a mis sur pied
gagnera les élections de 1960. Mais la victoire
légaliste de ce cartel ne doit pas nous en masquer la fragilité : tant qu'il s'est agi d'une simple
propagande commune, d'un accord limité à ce
seul mot d'ordre, *l'indépendance*, on a, pour un
instant, mis les particularismes de côté; mais si
les vainqueurs gouvernent — et qui d'autre gou-
vernerait? — le Front éclatera pour les deux
raisons déjà soulignées que la base réelle des

partis alliés est, pour chacun, provinciale —
même le « M. N. C.-Lumumba » est avant tout
soutenu par les extra-coutumiers de Stanleyville — et que l'universalisme culturel cache
mal le désir, chez les leaders, de constituer avec
leurs troupes la nouvelle classe dirigeante. Dès
ce moment, la pureté et l'intégrité de Lumumba
le condamnaient : l'Histoire se faisait par lui,
mais contre lui. Leader incontesté du centralisme, ses ennemis se déclarent aussitôt qu'il a
montré son pouvoir d'orateur et son adresse de
négociateur. Il y aura d'abord Tschombé et les
membres de la Conakat : ces Katangais prétendent que leur province nourrit à elle seule
tous les Congolais; si l'on coupait les liens qui
la rattachent à des régions ingrates et beso-
gneuses, elle jouirait seule de sa richesse. Il y
aura l'inévitable scission du parti centralisateur :
Kalonji fondera le « M. N. C.-Kalonji » qui s'im-
plantera dans le Sud-Kasaï; ici les rivalités politiques, au contraire de ce qui se passe pour les
autres groupements, détermineront le séparatisme ethnique. Enfin l'Abako demeure irréduc-
tible : Lumumba multiplie les avances à Kasavubu qui n'y répond pas. Quand l'indépendance
est acquise et qu'il faut constituer un gouvernement, deux grandes forces restent face à face :
l'Abako, toujours intransigeant, le bloc nationaliste (M. N. C. et partis alliés) souple et décidé
à trouver un compromis durable. La Conakat,
qui se dit, elle, fédéraliste, accepte la première
d'entrer, sous conditions, dans un gouvernement
central : ce n'est qu'une manœuvre, dont le sens
n'échappera pas. Entre les deux mouvements,
le ministre belge Ganshof hésite : Lumumba a
contribué, lors de récentes émeutes, à maintenir

l'ordre public. Ses déclarations sont modérées, il n'a pas de programme économique, cent fois il a répété qu'il garantissait les propriétés des colons. Et puis, considération de détail, son groupe a obtenu aux élections la majorité des voix. Mais son centralisme effraie. Les colons sont *contre lui*. Kasavubu est plus dangereux peut-être, c'est le maître de la violence : mais c'est aussi le maître de la discorde; son fédéralisme recouvre le séparatisme passionné de son ethnie. Le ministre commence par charger Lumumba d'une « mission d'information en vue de la constitution d'un gouvernement congolais ». La longueur et la lourdeur de cette formule trahit assez l'embarras de son auteur. Lumumba fait preuve d'un parfait réalisme en la simplifiant comme suit : « Je suis chargé de constituer le Gouvernement. » Mais dès le 17, Ganshof déclare qu'il lui retire sa mission d'informateur pour la confier à Kasavubu. Nouvelles consultations : vaines. Le 21, la Chambre désigne son bureau : la majorité est au bloc nationaliste. Immédiatement, le pauvre Ganshof retire à Kasavubu sa mission pour la rendre à Lumumba. Les négociations reprennent, mais Kasavubu n'a rien perdu de son intransigeance : le 22 juin, l'Abako réclame encore « la constitution d'une province autonome Bakongo souveraine dans une confédération d'un Congo uni ». On sait le compromis final : l'Abako fournira le chef d'État et des ministres; le bloc nationaliste fournit le Premier ministre et le reste de l'équipe gouvernementale en exceptant les sièges qu'on réserve à la Conakat. Ce pénible accouchement met en lumière deux faits de grande importance. Le premier, c'est que les négociations ont eu lieu sous la menace d'un soulèvement bakongo. La force de Lumumba était parlementaire; celle de Kasavubu était réelle et massive. Tant que la Belgique restait présente au Congo, Ganshof était bien obligé de prendre en considération la majorité élue : la Belgique ne pouvait moins faire que d'installer dans son ancienne colonie une caricature de la démocratie bourgeoise. *Après le départ des Belges*, les votes perdirent leur importance : Lumumba fut démis et arrêté sans avoir jamais été mis en minorité. En d'autres termes, la démocratie fut simplement rejetée : on en garda l'apparence mais le Pouvoir s'appuya sur la force. Rien ne montre mieux que le tragique destin de Lumumba était arrêté d'avance. Premier ministre, il devait s'établir dans la capitale du nouvel État. Mais, par une rare infortune, il se trouvait que la capitale était séparatiste : à Léopoldville, les masses n'ont qu'un chef : Kasavubu. Entre un chef d'État qui règne en maître sur l'Abako et une population qui n'a d'autre objectif que la sécession, un Premier ministre centraliste ne peut jouer qu'un rôle : celui d'otage. Il a des partisans dans toutes les provinces mais, pour communiquer avec eux, il lui faut passer par l'administration belge encore en place et qui lui oppose sa force d'inertie ou par les fonctionnaires noirs de Léopoldville qui sont en majorité contre lui. Dès le 1er juillet 1960, le centralisme devient le rêve abstrait d'un prisonnier d'honneur qui a perdu toute prise sur le pays. On s'en apercevra dans la deuxième moitié de septembre quand Lumumba, démis, parcourt les rues de Léopoldville dans une auto munie de haut-parleurs : ses harangues ne convaincront personne. Visages fermés, public indifférent ou hostile : la population de Léopoldville se moque du centralisme. Il suffit, au contraire, d'un mot chuchoté par Kasavubu pour lancer par milliers dans la cité des émeutiers antilumumbistes : peu à peu les parlementaires s'inquiètent et désertent l'Assemblée; le pouvoir législatif s'incline de lui-même devant l'illégalité. Pour les députés, comme pour le chef de l'exécutif, la capitale sécessionniste est une prison. C'est au point que, plus tard, à bout d'efforts, reconnaissant enfin qu'il a perdu la partie à Léopoldville, Lumumba s'enfuit et devient séparatiste à son tour en s'efforçant de gagner Stanleyville, son fief. J'entends : il s'agissait d'une sécession provisoire, négation de la négation; il comptait rassembler ses forces, entreprendre, à partir de Stan, la reconquête, pacifique ou violente, du Congo et sa réunification. Mais, eût-il rejoint le gros de ses partisans, peut-on croire qu'il eût repris, sans coup férir, la capitale bakongo? Avec quelles forces? Le plus vraisemblable est que Lumumba se fût maintenu à Stanleyville sans gagner ni perdre et que Kasavubu se fût donné les gants de baptiser sécession provinciale ce retour du centralisme à ses origines; objectivement, en effet, l'entreprise, faute de moyens suffisants pour la mener à bout, eût augmenté la division des Congolais et le morcellement de leur sol. Cependant, il faut le reconnaître, il n'y avait pour Lumumba, à ce moment, qu'une alternative : accepter la fédération et l'autonomie du Bas-Congo ou s'enfuir à Stanleyville pour y préparer la reconquête; dans les deux cas, le fédéralisme gagnait la partie. En vérité, c'est qu'elle était gagnée d'avance. En politique, le *nécessaire* n'est

pas toujours le *possible.* L'unité, idée force du
M. N. C., parti moderne et conçu à l'image
des mouvements européens, était *nécessaire* au
Congo : sans elle, l'indépendance était lettre
morte; mais, à ce moment de son histoire, la formule européenne correspondait mal aux besoins
des Congolais; des liens plus frustes et plus
solides les rattachaient au sol natal, à l'ethnie.
La *centralisation* ne représentait que la conscience de classe des *centralisés,* c'est-à-dire des
évolués.

Ces remarques nous ramènent au deuxième
caractère de l'indépendance congolaise : elle a
été *octroyée.* De fait, il serait inconcevable, si les
Congolais l'eussent conquise, que le Belge Ganshof eût choisi de sa propre autorité le Congolais le plus apte à former un ministère. Lumumba
le savait, il en souffrait : plusieurs fois, avant
le 30 juin, il a réclamé le départ du ministre
métropolitain. Il déclare, dans une conférence
de presse : « On n'a vu nulle part au monde
l'ancienne puissance organiser et diriger les élections qui consacrent l'indépendance d'un pays.
Cela n'a pas de précédent en Afrique. Quand la
Belgique *avait conquis* son indépendance en 1830,
ce sont les Belges eux-mêmes qui avaient d'abord
constitué un gouvernement provisoire... » etc.

« *Avait conquis* » : c'est moi qui souligne, parce
que tout est là. C'est ce qui explique le ton
paternaliste de l'allocution du roi Baudouin,
prononcée le 30 juin : on vous fait cadeau d'un
beau joujou, ne le cassez pas. Et aussi l'apathie
de Kasavubu qui, ayant connaissance du discours, se borne à supprimer du sien une péro-
raison trop servile. Pour cette raison, Lumumba,
indigné, prend subitement possession du micro.

On connaît l'admirable « exposé d'amertume »
qu'il développe en réponse à la suffisance du
jeune roi. Mais l'essentiel n'est pas là; je le
trouve, quant à moi, dans ces lignes qui précèdent immédiatement :

« Cette indépendance du Congo, si elle est proclamée aujourd'hui dans l'entente avec la Belgique, pays ami avec qui nous traitons d'égal à
égal, nul Congolais digne de ce nom ne pourra
jamais oublier que c'est par la lutte que nous
l'avons conquise, une lutte de tous les jours, une
lutte ardente et idéaliste, une lutte dans laquelle
nous n'avons ménagé ni nos forces, ni nos priva-
tions, ni nos souffrances. »

Ici, le compte rendu note « *applaudissements* »,
ce qui prouve assez que l'orateur touchait une
fibre sensible. Les Congolais qui participaient à
la cérémonie, quel que fût leur parti, ne voulaient pas d'un cadeau : la liberté ne se donne
pas, elle se prend. A retourner les termes, on
s'aperçoit qu'une indépendance concédée n'est
qu'un aménagement de la servitude. Les Congolais avaient souffert pendant près d'un siècle, ils
s'étaient souvent battus, les grèves et les émeutes
s'étaient multipliées pendant les derniers temps,
malgré la cruauté des répressions. Tout récemment, les journées de janvier 1959 avaient été
sinon la cause du moins l'occasion de la nouvelle
politique coloniale du gouvernement belge. On
ne pouvait contester ni le courage du prolétariat
ou des guerriers paysans ni le profond, l'invin-
cible refus que chaque colonisé opposait, parfois
en dépit de lui-même, à la colonisation. Reste
que les circonstances n'avaient ni permis ni sollicité le recours à la lutte *organisée*. Au Viet-nam,
en Angola, en Algérie, l'organisation est armée,

c'est la guerre populaire ; au Ghana, N'Krumah
a prétendu lutter par des moyens politiques; en
fait, les grèves qu'il a organisées sont des violences non sanglantes. De toute manière, la lutte
s'organise *à chaud* et *clandestinement* ; l'union des
combattants devient le moyen immédiat de
toute action avant d'en être la fin lointaine :
on s'unit pour réussir un coup de main mais
aussi pour échapper au péril de mort ; les représailles du colon scellent les pactes secrets : la
violence de l'oppresseur suscite une contre-vio-
lence qui s'exerce en même temps contre l'ennemi et contre les particularismes qui font son
jeu; si l'organisation est armée, elle fait sauter
les verrous, les charnières, liquide les caïds,
les « chefferies », les privilèges féodaux, substi-
tuant partout, *au cours de la lutte*, ses propres
cadres politiques à ceux qu'a implantés l'administration; en même temps la guerre populaire
implique l'unité de l'Armée et du peuple, donc
l'unification du peuple lui-même : le tribalisme
doit disparaître ou l'insurrection sera noyée dans
le sang; la liquidation de ces vestiges se fait à
chaud, par la persuasion, l'éducation politique
et, s'il le faut, par la terreur. Ainsi, la lutte
même, à proportion qu'elle s'étend d'un bout
à l'autre du pays, en poursuit l'unification; et
s'il arrive, au départ, que deux mouvements
insurrectionnels coexistent et ne fusionnent
point, on peut être sûr qu'ils seront tous deux
massacrés par l'Armée coloniale ou que l'un des
deux anéantira l'autre. Vainqueurs, les chefs
sont à la fois militaires et politiques : ils ont
brisé les anciennes structures, tout est à refaire
mais n'importe; ils créeront des infrastructures *populaires*; leurs institutions ne seront pas

copiées sur celles de l'Europe : provisoires, elles tenteront de parer aux dangers qui menacent le jeune État, en renforçant l'unité aux dépens des libertés traditionnelles. Quant à la force de l'exécutif, elle est irrésistible : c'est l'Armée qui s'est forgée en combattant les oppresseurs. Dans cette perspective, on peut dire que, pour le Viet-nam, pour l'Algérie — quelles que soient ses difficultés actuelles — l'unité et la centralisation ont précédé l'indépendance et qu'elles en sont la garantie. Au Congo, c'est le contraire qui s'est produit. La récession économique, l'évolution du Congo ex-français, la guerre d'Algérie ont changé les esprits et provoqué des troubles. Mais ceux-ci n'ont jamais été orchestrés : ils n'avaient ni la même origine ni les mêmes raisons ni les mêmes objectifs. Ils ont servi de *signes* au gouvernement belge. Celui-ci est informé par quelques administrateurs lucides : aujourd'hui, on n'en est pas aux actes de terrorisme; on y sera demain si la Métropole ne définit pas clairement sa politique. Ces renseignements viennent au moment où l'impérialisme a tiré des leçons des guerres coloniales où s'est épuisée la France et des expériences britanniques de fausse décolonisation. La Belgique ne veut pas transformer le Congo en une Algérie noire, elle refuse d'y engloutir des milliards et des vies humaines. Ce pays, avec ses cent mille Blancs, peut difficilement passer pour une colonie de peuplement : le rapatriement, s'il doit avoir lieu, ne gênera pas l'économie métropolitaine. Quant aux grandes compagnies, elles sont d'accord pour tenter le coup : qu'on les fasse protéger par un gouverneur blanc ou par un « collabo » nègre, leurs intérêts ne souffriront pas; il semble même, à

bien observer le développement des nouveaux
États africains, que l'indépendance soit la solu-
tion la plus rentable. Bref, on la donnera au
Congo.

On dit aujourd'hui que le gouvernement belge
fut d'un machiavélisme criminel. Il me semble
plutôt qu'il fut criminellement imbécile. Les
Français ne lâchent rien sans se battre, ils s'ac-
crochent jusqu'à ce qu'on tranche leurs mains :
c'est, involontairement, forger des cadres chez
l'adversaire; la guerre crée ses élites. Les Anglais planifient leur décolonisation truquée : les
cadres, ils les forment longtemps d'avance; ce
seront des collabos, mais *capables*. La Belgique
n'a rien fait : pas de guerre coloniale, pas de tran-
sition progressive. A vrai dire, en 1959, il était
trop tard pour préparer l'émancipation congolaise : les colonisés réclamaient l'indépendance
immédiate. Mais l'erreur du gouvernement remonte beaucoup plus haut : elle réside dans
son acharnement à maintenir ce pays conquis
dans l'ignorance et l'analphabétisme; dans sa
volonté de conserver les féodalités, les rivalités,
les « structures traditionnelles », le droit coutumier. Pendant quatre-vingts ans, la Belgique
s'est employée à congoliser le Congo. Et après
l'avoir atomisé, elle décide tout à coup de le
laisser tomber, sûre que l'absence de cadres et
l'émiettement des pouvoirs le mettront à sa
merci. Pour cette raison, Lumumba se trouve
en même temps désigné par la masse et, tout
à la fois, mis au pouvoir par Ganshof au nom
du roi des Belges. Situation inconfortable surtout si l'on songe que HoChi-minh ou Ben Bella
ont pris le pouvoir *malgré* la Métropole, portés
par un irrésistible mouvement et que leur souve-

raineté — entendons, cela revient au même, la souveraineté nationale — vient de là. Au lieu que l'indépendance soit — comme au Viet-nam, en Algérie — un moment d'une *praxis* commencée longtemps auparavant et que les actes passés servent de tremplin aux entreprises futures, c'est, au Congo, un point mort, le degré zéro de l'histoire congolaise, le moment où les Blancs ne commandent plus mais continuent d'administrer, où les Noirs sont au pouvoir mais ne commandent pas encore. En cet instant contradictoire, Lumumba, quelle que soit sa popularité, ne tire pas son autorité de sa geste passée mais d'une légalité importée d'Europe et que — hormis les évolués — les Congolais ne reconnaissent pas. Certes, on admire son courage, on sait qu'il a été plusieurs fois arrêté, battu, jeté en prison : cela ne suffit pas. Pour être souverain dans un nouvel État, il faut l'avoir été du temps de l'oppression comme chef incontesté de l'Armée de libération ou posséder de longue date un pouvoir charismatique, religieux. Ce pouvoir, malheureusement, c'est Kasavubu qui le détient à Léopoldville. Il faut le comprendre : le 1er juillet 1960, Lumumba, leader d'un cartel majoritaire et chef du Gouvernement, est seul, sans pouvoir, trahi par tous et déjà perdu.

Je l'ai dit : quand les peuples se délivrent par la force, ils chassent ou massacrent les anciens cadres qui ne sont pour eux que les plus connus de leurs oppresseurs. Il faut les remplacer à la hâte; puisque tout le monde est incompétent, le choix se guide sur le zèle révolutionnaire plutôt que sur les capacités. Il en résulte une épouvantable confusion, des erreurs criminelles, des secteurs entiers de l'économie sont

en péril mortel. Mais il n'est pas encore arrivé
qu'une révolution victorieuse s'effondre faute
d'élites. En U. R. S. S., en Chine, au Viet-nam,
à Cuba, au prix de convulsions douloureuses, de
nouveaux venus se sont mis aux postes de commande, dirigeant, inspectant, décidant le jour,
apprenant et lisant la nuit. Ainsi dans le développement d'une révolution, c'est un fait normal
et positif que le remplacement des compétences
réactionnaires par des révolutionnaires incom-
pétents. Et si cette substitution ne se fait pas
par la force, elle est rendue nécessaire par l'émi-
gration massive des spécialistes.

Encore faut-il que ce saut dans l'inconnu se
fasse à chaud, qu'il s'impose comme un moment
inévitable de la *praxis*. Si ce n'est dans la tempête révolutionnaire, qui oserait remplacer systématiquement, à tous les niveaux de la hiérar-
chie sociale, le savoir par l'ignorance ? Lumumba
était un révolutionnaire sans révolution. Son
jacobinisme inflexible l'opposait radicalement à
l'hypocrite aménagement du colonialisme que le
gouvernement belge tentait sans adresse, mais
cette position rigoureuse n'était qu'un refus théo-
rique puisque, justement, la guerre populaire
n'avait pas eu lieu. En en faisant l'économie,
les Belges en avaient frustré les Congolais. Le
leader du M. N. C. se trouvait donc, en quelque
sorte, de l'autre côté d'une insurrection qui
n'avait pas eu lieu. Il ne pouvait envisager les
cadres comme il eût fait en pleine action. Évolué, formé par les Blancs, habitué à reconnaître
leur supériorité technique, il s'inquiétait, nous
l'avons vu, du petit nombre des évolués et de
l'ignorance des masses.

Il fallait sans aucun doute africaniser les cadres :

il l'avait toujours voulu, il le voulait d'autant
plus, à présent, qu'il se sentait très souvent
paralysé par le mauvais vouloir de l'administration. Le Congo ne jouirait pas d'une indépendance plénière tant que les postes clés reste-
raient aux mains des Blancs. Mais, faute d'une
urgence immédiate, il envisageait une transformation progressive. Il est frappant que, dans ses
discours, il ait parlé très souvent de l'enseignement supérieur, presque jamais de l'instruction
primaire. N'y voyons pas une préoccupation de
classe. Simplement il a une conscience aiguë
du problème : le Congo enverra des étudiants
en Europe dès qu'il en sera capable; ils revien-
dront au pays et chacun prendra la place d'un
Belge; plus nombreux ils seront, plus vite la
dépendance technique, administrative et militaire du pays prendra fin. Solution raisonnable,
comme on voit, mais *réformiste* telle que peut la
concevoir à froid l'homme d'État qui pèse le
pour et le contre et prend des risques calculés.

Au même moment, les masses donnaient des
conclusions révolutionnaires à la révolution qui
n'avait pas eu lieu. Elles se chargèrent de l'africanisation des cadres et chassèrent les Européens en un tournemain. Cela commença par la
Force publique. Les officiers et les adjudants
venaient de Belgique; les Congolais n'accédaient,
en fin de carrière, qu'au grade de sergent. Ils
avaient fait savoir, plusieurs mois avant l'indépendance, qu'ils exigeaient la suppression de ce
privilège des Blancs : un Noir, après l'indépendance, devait pouvoir, selon son mérite, être fait
lieutenant ou général. Lumumba ne prit pas la
chose au sérieux : sans doute l'envisageait-il du
point de vue de l'utilité nationale; on formerait

des officiers peu à peu. Mais il eut tort : il ne
s'agissait pas d'une revendication générale tou-
chant la condition des soldats futurs : c'étaient
ces *soldats-ci* qui voulaient devenir sergents, *ces
sergents* qui briguaient le grade de capitaine. En
un mot l'exigence était concrète et immédiate.
Il semble qu'un politique l'eût satisfaite du premier jour et qu'il eût repris et capté le mouvement révolutionnaire en faisant lui-même ce
coup de force : le limogeage de Janssens. C'eût
été se gagner l'Armée, l'unique instrument dont
disposait cet exécutif sans pouvoir. Surtout, les
soldats de la Force publique avaient un tour
d'esprit inquiétant : du temps des Belges, c'est-
à-dire jusqu'au 30 juin, ils avaient fait régner
l'ordre colonial; ces Congolais se battaient contre
des Congolais exclusivement; ils réprimaient les
émeutes, occupaient les villages, vivaient sur les
habitants. Objectivement complices de la caste
coloniale, fort influencés par leurs officiers, ils
semblaient par état des contre-révolutionnaires.
Et sans aucun doute, c'est ce qu'ils étaient jusqu'au fond d'eux-mêmes, à ceci près qu'ils enra-
geaient d'être maintenus dans les grades infé-
rieurs comme les roturiers de l'Armée française
avant 1789. Cette revendication, à leur insu, résu-
mait les aspirations du Congo à la souveraineté
totale puisqu'elle ne pouvait se réaliser que par
une décision souveraine. En même temps, le
conflit de classes se profilait derrière le conflit de
race : les pauvres en avaient assez du luxe des
riches et voulaient se mettre à leur place. Le
Gouvernement, en prenant l'initiative, eût fait
des forces de l'ordre des complices de la Révolution; il les en eût rendues solidaires. Lumumba
hésita : la pression de l'Armée noire risquait,

pensait-il, de le pousser trop tôt au radicalisme;
peut-être eût-il, en dépit de lui-même, un réflexe
de classe. Et qui, se demandait-il, serait capable
aujourd'hui de commander l'Armée congolaise?
Il eut le tort de réclamer à Janssens une demi-
mesure : on ferait passer tous les Noirs au grade
immédiatement supérieur, le deuxième classe
passerait première classe et le sergent, sergent-
chef. Janssens sut jouer jusqu'au bout son rôle
de provocateur; il répondit aux soldats : « Vous
n'obtiendrez rien. Ni aujourd'hui ni jamais. »
On sait la suite, la mutinerie des soldats, les
officiers chassés, Janssens filant, vert de peur,
à Brazzaville. Cette insurrection pouvait être
positive : elle n'eut, en définitive, que des conséquences négatives. Les soldats se rebellèrent à la
fois contre Janssens et contre Lumumba qui
avait attendu la révolte pour le destituer. Cela
veut dire : à la fois contre le paternalisme colonial et contre la jeune démocratie congolaise.
Confus, accoutumés à imposer l'ordre par la
force, révoltés pourtant contre les privilèges militaires des Belges, ils versèrent pour la plupart
dans une sorte de bonapartisme pour affirmer
leur caste nouvelle et marquer leur mépris pour
le régime qui les avait trahis.
L'africanisation des cadres administratifs commença par la débâcle des Européens. Les fonctionnaires s'enfuirent, les entreprises privées fer-
mèrent leurs portes. Lumumba fit ce qu'il put
pour les retenir. Mais dans le même temps des
troupes belges aéroportées arrivaient au Congo; il
dut rompre avec la Belgique, ce qui acheva d'af-
foler la population blanche. Les masses, cependant, voulaient chasser les Belges et leur repro-
chaient de partir. Lumumba restait impuissant :

on lui fit grief de n'avoir pas pris la tête du
mouvement. Les ouvriers réclamaient une aug-
mentation de salaire. Revendication juste mais
que le jacobin Lumumba jugea inopportune. Des
grèves éclatèrent. Non plus contre les Belges :
contre lui. Il les fit réprimer : il fallait sauver
l'économie congolaise, maintenir le niveau de
la production. Et surtout, dans les agitations
confuses et sporadiques qui réalisèrent l'africanisation des cadres, radicalement mais catastro-
phiquement, il ne reconnaissait ni *sa praxis* politique, ni *sa* révolution, ni *son* personnel : ces
gens-là, pensait-il, n'ont rien fait jusqu'ici; à présent que nous avons gagné, ils revendiquent de
nous ce qu'ils n'auraient jamais demandé aux
Belges; qu'ont-ils de commun avec nous? Ce
non-violent prit position contre la violence, cet
évolué se désolidarisa des non-évolués et de tous
les évolués qui n'avaient pas en vue le seul intérêt commun. Il réprima ces mouvements spon-
tanés, perdant sa dernière chance d'appuyer
son pouvoir chancelant sur cette révolution sau-
vage. Il faut reconnaître du reste que cette
chance était minime : sans organisation, sans
programme révolutionnaire, cette radicalisation
brutale de l'indépendance ne débouchait sur rien.
Les manifestations persistèrent et, désormais, se
firent contre le Gouvernement. Pour s'identifier
à l'unité nationale, Lumumba avait tenté de se
détacher de sa classe : on l'y fit rentrer de force;
les députés venaient de s'attribuer une indem-
nité parlementaire de 500 000 francs et, dans
le même temps, Lumumba voulait briser des
grèves revendicatives : la masse extra-coutu-
mière découvrit à la fois les appétits des évolués
et la répression gouvernementale; avant la colo-

nisation « l'élite » gagnait beaucoup plus que les
manœuvres mais restait exploitée, opprimée, à
travail égal un fonctionnaire noir touchait moitié
moins qu'un Blanc : cette inégalité contribuait
malgré tout à rapprocher les petits bourgeois
du peuple ; les Noirs étaient fiers, *contre les
Belges,* de leurs évolués. A peine ceux-ci vinrent-
ils au pouvoir, ils se découvrirent comme une
classe par les traitements et rémunérations qu'ils
réclamèrent. La masse crut reconnaître les nouveaux maîtres. Elle vit dans l'exécutif — comme
autrefois, à juste titre, dans l'administration
coloniale — un pouvoir de répression. Tout était
faux : la petite-bourgeoisie noire ne pouvait établir son autorité qu'en abandonnant le Congo
à l'impérialisme qui lui donnerait en retour la
gérance du pays; d'autre part, Lumumba, loin
de représenter les intérêts de classe des évolués,
voyait chaque jour son pouvoir diminuer parce
qu'il s'opposait à eux. Non pas, il est vrai, au
nom des intérêts de la masse : au nom de l'universalisme jacobin. N'empêche : la contamina-
tion se fit rapidement, on tint le Premier ministre
pour un apprenti dictateur, désigné par les nombreux privilégiés au moment même où il perdait
leur confiance. Kasavubu, l'Abako, les provocateurs belges surent tirer parti, dès juillet, de
cette confusion : ils firent passer Lumumba pour
un tyran.
Rien n'était plus éloigné de son caractère :
du reste, quand on l'accusa d'abus de pouvoir
il n'avait même plus la possibilité de se faire
obéir. Mais ce que ses ennemis ont senti du
premier jour, c'est que dans un pays divisé
l'unité nationale est une *praxis* d'unification permanente; les oppositions deviennent facilement

des trahisons, comme disait Merleau-Ponty, lorsqu'elles accroissent la discorde et le morcellement : le Gouvernement central doit les réduire,
au besoin par la force. De ce point de vue,
les grèves ou les émeutes urbaines, pour justifiées que soient les revendications, sont aussi
redoutables que les conflits ethniques : ceux-ci
retardent la culture, émiettent le sol congolais,
celles-là font baisser la production; il est, par
toutes les raisons, indispensable que le Congo
libre, dans les premières années de son enfance,
ne tombe pas trop en dessous du Congo belge
dont il est né : *donc* le centralisme porte en soi
une politique d'austérité sociale. Cependant, l'In-
corruptible — qu'il s'appelle Robespierre ou
Lumumba — doit au même moment s'attaquer
à la classe dirigeante — à *sa propre* classe — pour
la maintenir au rang de classe universelle, cela
veut dire pour empêcher qu'elle ne s'oppose, par
ses exigences, ses mœurs ou un trop rapide enri-
chissement, au reste du pays. Cela signifie qu'on
exige au nom de l'unité que chaque groupe social
sacrifie ses intérêts à l'intérêt commun. Rien
de mieux à la condition que l'intérêt commun
existe. Castro, après les quelques mois tumul-
tueux qui suivirent la prise du pouvoir, imposa
aux syndicats ouvriers de mettre un terme aux
grèves, de recourir à l'arbitrage pour les conflits
sociaux. Mais c'est qu'il venait de vaincre l'armée des féodaux, de les chasser, de rendre leurs
biens aux classes défavorisées par la réforme
agraire : en réclamant des sacrifices à tous, il
invitait les travailleurs ruraux et urbains à cons-
tater leur unité réelle, leur intérêt commun qui
était la libre exploitation de l'île par tous au
profit de chacun. Autrement dit, le centralisme

ne peut identifier l'unité nationale et l'intérêt
commun que si la révolution dont il sort est
socialiste. Entre les évolués qui prennent le pouvoir au Congo et les manœuvres ou les ouvriers
agricoles, il n'y a pas encore de lutte de classes
à proprement parler mais déjà la pseudo-unité
congolaise cache la divergence des intérêts. Sans
le savoir, le centralisme réclame ce minimum
abstrait qui est l'unité nationale pour qu'une
société nouvelle trouve le temps de se donner
ses structures et ses strates. Mais ni les exploités
ni les futurs exploiteurs n'entendent sacrifier
leurs exigences concrètes à cet avenir encore
imprévisible : déjà l'existence des uns empêche
les autres de céder. Les prolétaires connaissent
les traitements des ministres. Quant à ceux-ci
et à tous les évolués, ils ne feront de concessions
à personne : ils ont une morale fondée sur le
mérite; ne pas se servir d'abord, ce serait au
fond, se sacrifier à la masse des illettrés, c'est-
à-dire des non-militants.

Ainsi, faute d'un mouvement de masse, d'une
lutte armée, d'un programme socialiste, le centralisme, comme *praxis* unificatrice, semble arbitraire à tous; l'unité qu'il veut établir, chacun la
tient pour un concept sans contenu, chaque
groupe lui oppose son idée concrète de l'unité,
qui est — dans la situation présente — un fac-
teur de division. Lumumba a tout le monde
contre lui : les partis provinciaux et fédéralistes,
la capitale, le prolétariat, la petite-bourgeoisie
qu'il représente et qui devrait le soutenir. Il y a
pis : les ruraux s'accommodent de l'indépendance
à condition de garder leurs « structures traditionnelles ». Rares sont ceux qui ont compris
que les chefs coutumiers étaient les représen-

tants « indigènes » de l'administration belge.
Or, les roitelets perdent tout au départ des
colons. Les Belges les achetaient et les mainte-
naient sur place : c'était centraliser en divisant.
La politique du Gouvernement congolais sera
de liquider les divisions : il doit créer une administration noire, instruire les fonctionnaires à
Léopoldville, les envoyer partout comme les
seuls agents qualifiés du pouvoir. Ces mesures
qui s'imposent à tout nationalisme unitaire
sonnent le glas des féodalités : le pouvoir cou-
vrira le pays d'un réseau de responsables qui
prendront les décisions en fonction des ordres
venus de la capitale et substitueront leur autorité à celle des seigneurs locaux. Les grandes
chefferies s'inquiétèrent : des émissaires européens se firent un devoir de les éclairer. Finalement, beaucoup de féodaux — même parmi ceux
qui s'étaient alliés au M. N. C. pour réclamer l'indépendance — se retrouvèrent un beau
jour antilumumbistes acharnés. Leurs troupes
suivaient. Au Katanga, l'ennemi mortel de
Lumumba, celui qui, peut-être, l'assassina de
ses mains, Munongo, est fils de roi. La sécession
katangaise qui précipite le désastre est le résultat d'un accord passé entre les féodalités locales,
le colonat de peuplement et l'Union Minière.
    Contre tant d'ennemis, que faire ? A la lettre,
rien. Si le centralisme possède une base solide,
s'il a l'appui des forces armées, il en viendra tôt
ou tard, selon le degré d'urgence, à combattre
le fédéralisme par la terreur : ainsi fit Robespierre en 93. Pas longtemps : il est tombé, lui
aussi, après avoir brisé les émeutes populaires,
lorsqu'on s'est aperçu qu'il ne représentait plus
personne. Mais Lumumba ! Moins d'une semaine

après la proclamation de l'indépendance, la mutinerie de juillet lui avait ôté le soutien de la Force publique. A Léopoldville, il apparut bientôt que la police seule le défendrait — lui et l'Assemblée — contre les manifestations de l'Abako. Et quand il envoya l'Armée pour rétablir l'ordre dans les provinces séparatistes, il est vrai qu'elle partit mais elle n'arriva pas, préférant muser en route, c'est-à-dire piller et massacrer des paysans. Pourtant cet homme isolé de tous et qui n'a plus que les dehors du pouvoir, on va lui reprocher d'exercer une dictature sanglante [1]. Non sans l'ombre d'une raison : de fait, à considérer les forces en présence et les caractères singuliers de la situation, un leader unitaire, s'il en avait eu les moyens, se serait trouvé contraint de renier ses objectifs ou de recourir à la terreur. L'unité du Congo réclamait une dictature. Celle du prolétariat, mal éclairé, mal instruit par ses représentants, n'étant pas même concevable, il fallait donc qu'un petit-bourgeois s'emparât contre tous du pouvoir.

Après la mutinerie de juillet, vint la sécession katangaise suscitant partout un courant séparatiste plus ou moins fort. Lumumba le tyran fut admirable : il s'envolait avec Kasavubu, silencieux comme la mort, qui le suivait partout, dès qu'on lui signalait des troubles, des inquiétudes ou de l'hostilité, il atterrissait sur les lieux et à peine sorti de la carlingue tenait des meetings n'importe où. La chaleur de sa voix, sa sincérité, son optimisme — naïf ou mystique, comme on voudra — séduisaient tous les auditoires et sou-

---

1. Kasavubu savait qu'il mentait quand il le rendait responsable des exactions de la Force publique.

vent les persuadaient. Quand il avait désarmé
les préventions, calmé les doutes, répondu aux
objections, *expliqué*, surtout expliqué, ses plans
et ses raisons *dans le détail*, il gagnait la partie
pour un soir; pour un soir, dans une ville provinciale, cette dictature de la parole — la seule
qu'il ait jamais exercée — réalisait l'unité jaco-
bine de quelques centaines d'hommes — les seuls
qui fussent politisés. Acclamé, Patrice retournait à l'avion, décollait, pensait : partie gagnée;
à ses côtés Kasavubu pensait : partie perdue, la
parole n'a pas cette puissance. En fait, elle l'a :
à condition d'être mille fois répétée, d'abord par
les chefs, puis par les activistes, puis, sur place,
par les militants. Lumumba était seul. Absolument seul. Après chaque décollage, le silence se
rétablissait dans la petite ville qu'il venait
d'abandonner, chacun retournait à ses intérêts
immédiats, à ses préjugés, à son groupe tribal ou
socio-professionnel, il ne restait rien, pas même
une semence dans un cœur. Cependant, le tyran
tournait dans les airs; quand il se posait, les
petits Blancs l'insultaient, il fallait accepter la
protection humiliante — et peu efficace, on s'en
doute — des militaires belges, de ces troupes
colonialistes dont il avait dénoncé l'action au
Parlement, dont il réclamait à l'O. N. U. qu'elles
fussent expulsées d'Afrique. Il tente même un
atterrissage au Katanga, les officiers belges qui
contrôlent le terrain lui font savoir qu'ils l'arrêteront dès qu'il se posera. Lumumba veut passer
outre, les Belges éteignent tous les feux, bloquent
les contrôles, c'est la nuit : on le détourne de ce
qui n'aurait pas plus de poids qu'un suicide. Il
renonce enfin, l'avion prend de l'altitude; il
tourne. Le Congo libre tourne, prisonnier des

airs, passant par ici, passant par là, comme le
furet : car à présent, le Congo, centralisé, uni
dans l'indépendance, s'identifie au seul Lumumba.
Les jeux sont faits : le recours aux Nations Unies,
l'envoi des Casques bleus, le coup d'État de
Kasavubu, le *pronunciamiento* de Mobutu, ce
flic aux ordres des Belges, qui prend la tête de la
Force publique — c'est-à-dire des bandes armées,
sans solde, qui en sont venues à rançonner le passant —, l'abjecte partialité de Hammarskjöld,
les intrigues de Youlou manœuvré par le Gouvernement français : tous ces épisodes bien connus ne sont que les étapes d'un calvaire inévitable. Les Belges, les Français, les Anglais, les
grandes compagnies et M. H... ont fait assassiner
Lumumba par leurs hommes de main, Kasavubu,
Mobutu, Tschombé, Munongo — et l'Amérique
du Nord, puritaine, a détourné les yeux pour ne
pas voir le sang. Pourquoi tant d'acharnement?
Fallait-il vraiment que le néo-colonialisme s'ins-
taurât au Congo par ce meurtre retentissant?
Ce grand noir, maigre, et nerveux, travailleur
infatigable, orateur magnifique, avait perdu
ses pouvoirs ; l'atomisation du Congo, fait réel,
incontestable résultat de quatre-vingts ans de
colonialisme « paternaliste » et de six mois de
machiavélisme, démentait radicalement le rêve
jacobin du Premier ministre : il avait perdu ses
pouvoirs sauf peut-être à Stanleyville où, plutôt
que des partisans, il possédait une clientèle. S'y
fût-il rendu, qu'eût-il fait de plus que Gizenga,
trahi un peu plus tard, après quelques victoires-
éclairs, par son chef d'état-major, l'oncle de
Lumumba qui préféra à l'unitarisme des politiques l'unité restaurée du seul pouvoir efficace,
de l'Armée noire? L'impérialisme n'a pas souci

des vies humaines : mais puisqu'il tenait la victoire, ne pouvait-il s'épargner un scandale? En vérité, il ne le pouvait pas; c'est le secret de ces combinaisons sordides : Lumumba était l'homme de la passation des pouvoirs; sitôt après, il devait disparaître.

La raison, c'est qu'il représentait, vivant, le refus rigoureux de la solution néo-colonialiste. Celle-ci consiste, au fond, à acheter les nouveaux maîtres, les bourgeois des pays neufs, comme le colonialisme classique achetait les chefs, les émirs, les sorciers. L'impérialisme a besoin d'une classe dirigeante qui soit assez consciente de sa situation précaire pour lier ses intérêts de classe à ceux des grandes sociétés occidentales. Dans cette perspective, l'Armée nationale, symbole aux yeux naïfs de la souveraineté, devient l'instrument d'une exploitation double : celle des classes travailleuses par « l'élite » et, à travers elle, celle des Noirs par le capitalisme d'Occident. On investit, on prête : le Gouvernement de la Nation indépendante est dans la complète dépendance des Européens et des Américains. Telle devint Cuba, en 1900, au sortir d'une guerre coloniale qu'elle avait gagnée. Le modèle est encore bon : on s'en sert tous les jours. Le but est de réserver au continent noir le destin de l'Amérique latine : faiblesse du Gouvernement central, alliance des bourgeois (ou des féodaux restés en place) avec l'Armée, super-gouvernement des trusts. Il faut des hommes pour cette combine : au Congo, ce sera Kasavubu; ses ambitions et son séparatisme — même s'il accepte, à la fin, une fédération très lâche — maintiennent les anciennes discordes entretenues par l'administration belge et, cette fois, sans qu'on soupçonne les Blancs d'y mettre la main. Iléo, Adoula peuvent le seconder : leur conscience de classe est à la hauteur de leurs appétits ; on peut compter sur eux, à l'abri de la Force publique, pour achever la constitution et hâter le développement de la bourgeoisie nouvelle. Les évolués, jusqu'ici, n'ont été que des salariés, recrutés et formés par l'impérialisme et convaincus par leurs maîtres que leurs intérêts coïncidaient avec ceux du capital : il faut à présent remanier l'économie congolaise, transformer certains salariés en petits capitalistes, maintenir les féodalités rurales et laisser jouer, même à la campagne, les forces de concentration. Tel est le programme, tel est le Congo de 1963; de 60 à 61, sujet de l'Histoire, il n'en est aujourd'hui que le plus passif des objets. Le sort du Katanga s'est réglé entre Belges, Anglais, Français, Américains, Rhodésiens, Blancs d'Afrique du Sud. Les combats, les jacqueries, la guerre, les décisions brusques et contradictoires de l'O. N. U. sont les effets et les signes des tractations qui ont eu lieu entre les trusts, entre les gouvernements. Si tout semble réglé, aujourd'hui, si le Katanga fait retour au Congo, c'est que — contre la Rhodésie et l'Union Sud-Africaine, contre les visées anglaises et françaises — les États-Unis se sont mis d'accord avec les Belges pour exploiter en commun les richesses congolaises par l'intermédiaire de sociétés mixtes.

Pour mettre au point des compromis si délicats il fallait commencer par évincer le Congo des débats et cela revenait à supprimer Lumumba. Celui-ci, seul et trahi, restait le symbole abstrait de l'unité nationale; il *fut* le Congo au moment historique de la passation des pouvoirs. Avant lui, il n'y avait qu'une colonie, puzzle d'empires disloqués, après lui, il ne reste qu'un pays déchiré qui mettra plus d'une décennie à trouver son unité nationale. Premier ministre, Lumumba avait perdu l'un après l'autre ses soutiens et devenait malgré lui, par la force des choses, l'agent d'un nouveau séparatisme qui s'appelait centralisation. Captif mais vivant, il pouvait du jour au lendemain devenir un principe, un point de ralliement : il restait le témoin d'une certaine politique qu'on l'avait empêché de faire mais qui pourrait apparaître, aux premiers échecs du nouveau Gouvernement, comme la politique de rechange, comme celle qui n'avait pas fait ses preuves parce qu'on ne lui en avait pas laissé le temps et qui se révélerait, peut-être, à l'usage comme la seule possible. Les mécontents de la veille s'étaient unis contre lui, ceux du lendemain — les mêmes, sans doute — se regrouperaient autour de lui. Un prisonnier autrefois idolâtré par les foules demeure comme une possibilité nue de *praxis*; sa seule existence transforme les regrets en espoir; ses principes, parce qu'il y reste fidèle, sont pour les nouveaux opposants beaucoup plus qu'une vue de l'esprit; ils vivent, ils sont actuels, humanisés par celui dont on sait qu'il en est le gardien dans son cachot; ils deviennent un objet de méditation fascinée pour tous. On s'en apercevra, à Thysville, lorsque les soldats qui le gardent se mutineront : si leur solde n'est pas payée, disent-ils, ils délivreront Lumumba. Affolés par cette menace, les dirigeants de Léopoldville se rapprochent des Katangais. Accord conclu : Tschombé paiera la solde; en échange on lui remettra Lumumba. Bref, jusque dans sa prison, le Premier ministre déchu témoigne de la nécessité du centralisme. D'autant que sa chute coïncide avec une brusque flambée d'émeutes et de guerres locales. Il y a plus : dès octobre on note une recrudescence des troubles révolutionnaires. C'est la base, cette fois, paysans et ouvriers, qui s'est mobilisée contre le maintien de l'économie colonialiste. Ces mouvements épars n'ont pas d'objectif commun : pourtant, il serait possible de les unir, par-delà les vieilles divisions, si l'on rassemblait leurs revendications en un programme commun. Cette crainte n'est pas folle : Gizenga, plus tard, nouveau leader du centralisme, prend des mesures radicales à Stanleyville : les trusts seront africanisés, les Belges sont assignés à résidence et soumis à un impôt exceptionnel; après six mois, l'État saisira les biens abandonnés. Ces décrets marquent le rapprochement qui s'ébauche entre les revendications concrètes, mais sans véritable perspective, de la masse et le jacobinisme abstrait du M. N. C. Et Gizenga n'a pas la popularité de Lumumba. Ni son intelligence. Que ne pourrait-on redouter si l'ancien Premier ministre avait compris lui-même qu'il fallait se retremper dans la masse, rompre avec les évolués, donner un contenu social à sa politique unitaire — en un mot qu'il fallait soulever le peuple contre la mystification néo-capitaliste? En vérité, c'est tout le problème : le jacobinisme est petit-bourgeois, il subordonne l'économie à l'intégration politique et se heurte sans cesse aux revendications des masses qu'il accuse de saboter l'unité. Ce conflit permet d'ordinaire aux ennemis de battre l'un après l'autre le mouvement unitaire et le mouvement social. Mais, s'il arrive que les Jacobins survivent quelque temps

— c'est bien rare —, ils sont éclairés par leurs
déboires et font un nouveau départ : l'unité
n'est plus le commencement mais un moment
intermédiaire, l'unique moyen de souder les intérêts des masses et leurs exigences; c'est aussi le
but final d'une révolution économique, sociale
et politique, qui doit, sous peine d'éclater, se
radicaliser sans cesse. J'ai rencontré des jeunes
gens des villes, anciens étudiants issus des
couches moyennes, qui faisaient partie du gouvernement de Castro : ils étaient jacobins contre
Batista; intégrés aux Rebelles, ils n'eurent aucune peine à délaisser provisoirement leur idéal
politique pour le retrouver ensuite *à travers* le
mouvement de la construction socialiste. Robespierre, Lumumba sont morts trop tôt pour faire
la synthèse qui les eût faits invincibles. Et puis
dans la France de 1789 comme au Congo de 1961,
les masses restèrent en majorité rurales; chez
nous, le prolétariat n'était pas né ou pas vraiment développé; au Congo, le paternalisme belge
l'avait frappé de stupeur. Dans aucun des deux
cas, les véritables exploités n'ont de représentants ni d'appareil qui puisse solliciter les politiques de chercher l'unité dans la lutte contre
l'exploitation. N'empêche : au Congo, il y a
trois millions de Noirs prolétaires; si Patrice eût
vécu, qui sait si, déçu par sa classe, il n'eût été
amené à les dresser contre elle. La fiction qu'il
n'a jamais dénoncée, l'idée folle et bourgeoise
de « classe universelle », pouvait, en certaines
conditions, faciliter les rapprochements : Lumumba pouvait aborder les leaders locaux des
mouvements révolutionnaires sans complexes :
ni honte ni supériorité. A partir de cette égalité
abstraite, la lumière pouvait jaillir, il pouvait

enfin comprendre ce qu'on a nommé « la vocation socialiste de l'Afrique », et qu'on peut réduire plus clairement à ce dilemme : néo-colonialisme ou socialisation. Il le *pouvait* : j'emploie ce mot non pour évoquer une possibilité abstraite, mais pour définir la crainte qu'il inspirait jusque dans les chaînes à ses ennemis. L'impérialisme est lucide : s'il laisse voir sa main aux ex-colonisés, s'ils peuvent deviner son intention de cacher derrière une comédie politique le maintien d'une économie de sur-exploitation, il sait parfaitement que les masses s'uniront contre les politiques, ses complices. La confusion congolaise était extrême, mais les Congolais comprendraient vite si quelqu'un leur expliquait qu'ils servaient l'ennemi : Lumumba avait appris en peu de temps que la Belgique trahissait la parole donnée, que l'Union Minière fomentait et soutenait les sécessions contre le Gouvernement de l'ex-Métropole, que les soldats de l'O. N. U., envoyés pour maintenir l'ordre, avaient protégé Kasavubu le séparatiste et laissé le Premier ministre centraliste à la merci de ses ennemis : même pour un petit-bourgeois qui se disait ignorant de l'économie, il ne faudrait pas longtemps pour tirer des conclusions gênantes. Bref, ce que redoutaient d'abord les évolués et les Grandes Compagnies, c'est la radicalisation de Lumumba par les masses et l'unification des masses par Lumumba. On peut dire que son assassinat scella l'alliance récente de l'impérialisme et de la petite-bourgeoisie noire : désormais, il y a un cadavre entre eux.

Mais le prestige du ministre congolais s'étendait bien au-delà des frontières de son pays. Il manifestait la nécessité d'une Afrique unie. Non

pas à la manière d'États conquérants qui sous
« unité » mettent « hégémonie ». Au contraire,
par la faiblesse du régime, par ce courage
inflexible et cette impuissance fatale mais immé-
ritée qui donnaient à tous les pays noirs le devoir
de le secourir. Et ce n'était pas de la générosité,
cette obligation rigoureuse et urgente. Ni je ne
sais quelle solidarité idéaliste. En fait, les nations
africaines découvraient au Congo leur destin, le
destin de l'Afrique; les pays néo-colonialistes
déchiffraient la mystification qui les avaient
délivrés de toutes leurs chaînes sauf de la surexploitation; les autres, ceux qui avaient évité
de justesse la « congolisation », découvraient le
mécanisme, le rôle joué dans cet effondrement
par les divisions internes; ils pensaient que rien
n'était encore sauvé, qu'il fallait lutter contre
les séparatismes *à l'échelle du continent*, sinon
l'Afrique entière n'échapperait pas à la balkani-
sation. En ce sens l'échec de Lumumba fut celui
du panafricanisme. N'Krumah connut la décep-
tion la plus amère : il avait envoyé dès juillet
des troupes ghanéennes au Congo sous l'autorité des Nations Unies qui les employèrent, malgré les protestations du Ghana, contre Patrice
Lumumba; l'expérience lui apprit alors que
l'O. N. U. n'était pas une organisation impar-
tiale statuant en toute objectivité sur les conflits
du Tiers Monde, mais un système rigoureusement agencé pour défendre partout, en Occident, l'impérialisme, même si les Républiques
populaires et les Nations afro-asiatiques y étaient
admises. Mais toute l'Afrique, humiliée de n'avoir
pu sauver l'homme d'Accra, apprit aussi le sort
qu'on réservait aux « neutralistes ». Lumumba,
dans un moment d'exaspération, indigné par

l'attitude de Hammarskjöld, avait fait appel à
l'U. R. S. S. qui lui avait envoyé des avions. Il
avait appliqué, en cette occasion, le principe le
plus strict du neutralisme : commercer avec
toutes les nations, sans prendre leur régime en
considération, accepter ou demander, en cas
d'urgence, une aide efficace à condition qu'elle
soit désintéressée. Il n'en fallut pas plus : les
Missions se hâtèrent de le baptiser communiste.
L'impérialisme n'y manqua pas non plus : le
plus fort c'est qu'il se prit à son propre jeu et
tint cet « évolué », fils de catholique, marié reli-
gieusement et père de catholiques, pour un agent
secret du Kremlin. Si l'on veut mieux juger de
la situation, que l'on compare cet appel désespéré du Jacobin « sans option économique » à
ce qu'a pu faire Castro dans une île collée au
flanc de l'Amérique. Et ne nous y trompons pas :
la victoire de celui-ci vient précisément de ce
qu'il a pris la tête d'une révolution socialiste :
l'échec du Congolais, le nom de « communiste »
dont on croit le flétrir, tout vient simplement
du fait qu'il n'a pas voulu s'engager à remanier
l'infrastructure du pays. L'Afrique a compris :
quand un chef de gouvernement « indépendant »
demande secours aux Soviétiques, les Occidentaux le démettent. Le neutralisme restera une
vaine déclaration de principe, tant que les divers
États du continent noir ne s'uniront pas pour
l'imposer.
     Lumumba vivant et captif, c'est la honte et
la rage d'un continent tout entier : il est présent
à tous comme une exigence qu'ils ne peuvent
ni remplir ni écarter; *en lui* chacun découvre la
puissance et la férocité de la combinaison néo-
colonialiste. Donc, il faut en finir au plus vite;

l'impérialisme garde les mains nettes; ses deux principaux représentants, Kasavubu et le minable Mobutu, ont intérêt, devant leurs populations, à n'avoir pas versé ce sang. Tschombé tuera : de toute manière, l'Union Minière et les colons l'ont si bien compromis, il a mis tant de zèle à se vendre qu'il faudra bientôt le liquider lui aussi. On efface un Noir, qu'on avait fait Premier ministre et qui a pris au sérieux sa mission; on charge à nouveau Kasavubu de former un cabinet. On espère, je suppose, que le mort gênera moins que le vivant : un défunt, ça s'oublie; que peut-on faire pour lui? de lui? Toute raison d'appeler leurs frères à une croisade libératrice sera ôtée aux Africains trop agités par le seul coup de baïonnette que Munongo se chargera, dit-on, d'administrer. En tout cas, voilà le calcul. Il est faux, comme on sait.

Mort, Lumumba cesse d'être une personne pour devenir l'Afrique tout entière, avec sa volonté unitaire, la multiplicité de ses régimes sociaux et politiques, ses clivages, ses discordes, sa force et son impuissance : il ne fut pas ni ne pouvait être le héros du panafricanisme, il en fut le martyr. Son histoire a mis en lumière, pour tous, le lien profond de l'indépendance, de l'unité et de la lutte contre les trusts. Sa mort — je me rappelle Fanon, à Rome, il en était bouleversé — est un cri d'alarme; en lui, tout le continent meurt pour ressusciter; les Nations africaines ont compris : ce que *disait* Accra, Addis-Abéba *se dispose à le faire* : elles mettront en place un dispositif commun qui leur permettra d'aider les luttes révolutionnaires dans les pays qui n'ont pas encore acquis l'indépendance. L'unité, c'est la guerre; sous l'influence de l'Algérie, certains comprennent de mieux en mieux que c'est aussi la révolution socialiste.

Le Congo n'a perdu qu'une bataille. A l'abri de l'Armée nationale congolaise (A. N. C.), la bourgeoisie congolaise, cette classe de traîtres et de vendus, va parachever son œuvre et se constituer en classe d'exploitation. La concentration capitaliste viendra progressivement à bout des féodalités, unifiera les exploités, toutes les conditions d'un castrisme seront données. Mais les Cubains honorent la mémoire de Marti, qui mourut à la fin du siècle dernier sans voir la victoire de Cuba sur l'Espagne ni l'assujettissement de l'île à l'impérialisme des États-Unis. Et le Castro congolais, dans quelques années, s'il veut apprendre aux siens que l'unité se conquiert, il en rappellera le premier martyr, Lumumba.

« *Lumumba et le néo-colonialisme* », *préface aux* Discours de Lumumba (Présence Africaine).

INDEX DES ŒUVRES

INDEX DES NOMS

Œuvres de Jean-Paul Sartre (suite).

Littérature

SITUATIONS, I à X.

BAUDELAIRE (« Folio essais », n° *105*. Précédé d'une lettre de Michel Leiris, 1975).

CRITIQUES LITTÉRAIRES (« Folio essais », n° *223*. Textes extraits de *Situations, I*).

QU'EST-CE QUE LA LITTÉRATURE ? (« Folio essais », n° *19*).

SAINT GENET, COMÉDIEN ET MARTYR (*Les Œuvres complètes de Jean Genet, tome I*).

LES MOTS (« Folio », n° *607* ; « Foliothèque », n° *35*. Essai critique et dossier réalisés par Claude Burgelin).

LES ÉCRITS DE SARTRE, de Michel Contat et Michel Rybalka.

L'IDIOT DE LA FAMILLE. Gustave Flaubert de 1821 à 1857, I, II et III (nouvelle édition revue et augmentée en 1988).

PLAIDOYER POUR LES INTELLECTUELS. Première édition (« Idées », n° *274*).

UN THÉÂTRE DE SITUATIONS. Nouvelle édition augmentée et mise à jour par Michel Contat et Michel Rybalka en 1992 (« Folio essais », n° *192*).

CARNETS DE LA DRÔLE DE GUERRE (septembre 1939-mars 1940).

LETTRES AU CASTOR et à quelques autres. Édition de Simone de Beauvoir.
    I . 1926-1939.
    II . 1940-1963.

LE SCÉNARIO FREUD. Préface de J.-B. Pontalis

MALLARMÉ. La lucidité et sa face d'ombre (« Arcades », n° *10*).

ÉCRITS DE JEUNESSE. Édition de Michel Contat et Michel Rybalka avec la collaboration de Michel Sicard.

SITUATIONS PHILOSOPHIQUES. Textes extraits de *Situations I à X*, (« Tel », n° *171*).

LA REINE ALBEMARLE OU LE DERNIER TOURISTE. Fragments. Édition d'Arlette Elkaïm-Sartre.

Philosophie

L'IMAGINAIRE. Psychologie phénoménologique de l'imagination. Édition revue par Arlette Elkaïm-Sartre en 1986 (« Folio essais », n° *47*).

L'ÊTRE ET LE NÉANT. Essai d'ontologie phénoménologique. Édition corrigée avec index par Arlette Elkaïm-Sartre en 1994 (« Tel », n° *1*).

CRITIQUE DE LA RAISON DIALECTIQUE. Théorie des ensembles pratiques, *précédé de* QUESTIONS DE MÉTHODE.

CRITIQUE DE LA RAISON DIALECTIQUE *précédé de* QUESTIONS DE MÉTHODE. Édition d'Arlette Elkaïm-Sartre. Nouvelle édition en 1985.

    I : Théorie des ensembles pratiques.

    II : L'Intelligibilité de l'Histoire.

QUESTIONS DE MÉTHODE in CRITIQUE DE LA RAISON DIALECTI-QUE. Nouvelle édition revue et annotée par Arlette Elkaïm Sartre en 1986 (« Tel », n° *111*).

CAHIERS POUR UNE MORALE.

VÉRITÉ ET EXISTENCE. Édition d'Arlette Elkaïm-Sartre.

SITUATIONS PHILOSOPHIQUES (« Tel », n° *171*, textes extraits de *Situations, I à X*).

L'EXISTENTIALISME EST UN HUMANISME. Présentation et notes d'Arlette Elkaïm-Sartre en 1996 (« Folio essais », n° *284*) .

L'IDIOT DE LA FAMILLE. Gustave Flaubert de 1821 à 1857, I , II et III. Nouvelle édition revue et complétée en 1988.

Voir aussi Collectif, KIERKEGAARD VIVANT (« Idées », n° *106*).

Essais politiques

RÉFLEXIONS SUR LA QUESTION JUIVE (« Folio essais », n° *10*).

ENTRETIENS SUR LA POLITIQUE, avec David Rousset et Gérard Rosenthal.

L'AFFAIRE HENRI MARTIN. Textes commentés par Jean-Paul Sartre.

ON A RAISON DE SE RÉVOLTER, avec Philippe Gavi et Pierre Victor.

Voir aussi Collectif, LE CHANT INTERROMPU. Histoire des Rosenberg. Illustrations de Picasso.

Scénarios

SARTRE, un film réalisé par Alexandre Astruc et Michel Contat.

LES JEUX SONT FAITS, Nagel, 1947 (repris dans « Folio », n° *2805*, 1966. Nouvelle édition).

L'ENGRENAGE, Nagel, 1948 (repris dans « Folio », n° *2804*, 1996).

Entretiens

Entretiens avec Simone de Beauvoir, *dans* LA CÉRÉMONIE DES ADIEUX de Simone de Beauvoir.

Iconographie

SARTRE, IMAGES D'UNE VIE. Album préparé par L. Sendyk-Siegel, commentaire de Simone de Beauvoir.

ALBUM SARTRE. Iconographie choisie et commentée par Annie Cohen-Solal.

*Reproduit et achevé d'imprimer
par Evidence au Plessis-Trévise,
le 23 juin 2005.
Dépôt légal : juin 2005.
1er dépôt légal : juin 1964.
Numéro d'imprimeur : 2329.*

ISBN 2-07-025775-4/Imprimé en France.

135528